AF451624

PANEGYRIQVE

DE

L'ECOLE DES FEMMES,

OV

CONVERSATION

COMIQVE,

SVR

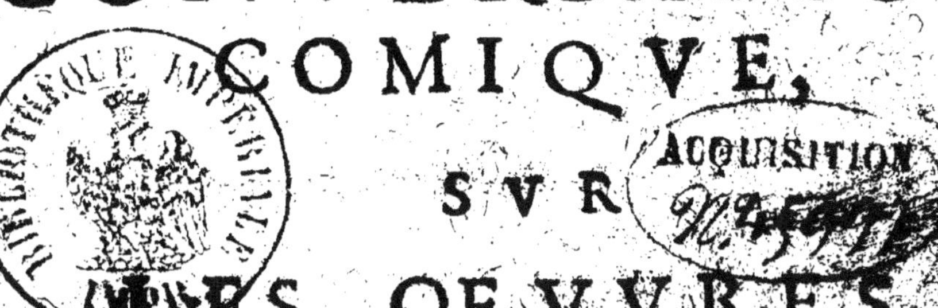

LES OEVVRES

DE Mr DE MOLIERE.

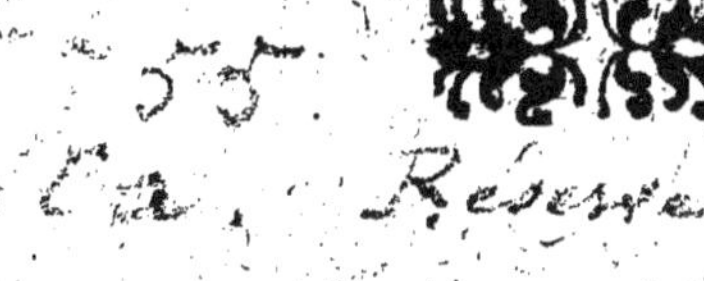

A PARIS,

Chez IEAN GVIGNARD, le fils, en la grande
Salle du Palais, à l'Image saint Iean.

M. DC. LXIV.

Auec Priuilege du Roy.

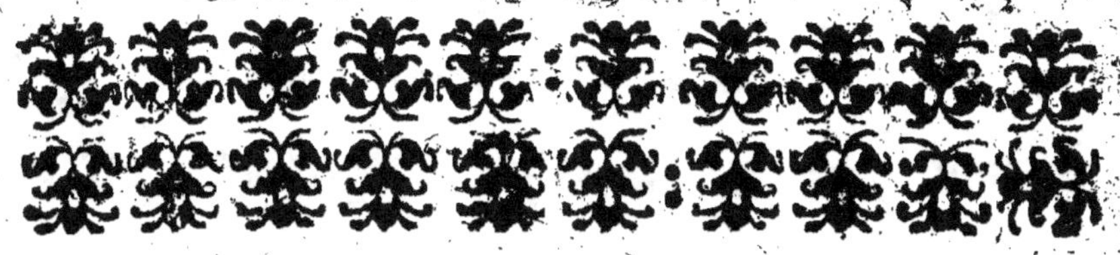

AV LECTEVR.

E sera si tu veux, mou-
tarde après disner, en
effet, c'est parler, ce semble, d'vne chose lors que l'on n'en
dit plus mot, & selon le Prouer-
be, reueiller le chat qui dort: Mais
il y a plus de trois mois, que ceux
qui te debitent ce Panegyrique
l'ont entre leurs mains. Neantmoins
ce ne sera pas le dernier Ouurage
sur le mesme suiet ; puis qu'il en
paroist vn depuis quelques iours, sur
le Theatre de la seule Troupe

des Maris, & de celle des Femmes,
si desauantageuses au Sexe, les
mirent adroitement sur ces beaux
Chapitres. Autrement, il y auroit
peu d'apparence qu'on eust voulu
s'attacher expréssement, à l'examen
de quelques Fartes, comme à des
Poëmes plus acheuez que defec-
tueux, & dont l'on ne remarque les
petits defauts, qu'auec regret d'en
voir à ces Chefs-d'Oeuure de la Poësie; en la mesme façon que re-
gardant vne Femme qui est belle
mais qui a quelque chose d'irregu-
lier, l'on dit que c'est dommage,
pource que sans cela, ce seroit vne
Beauté acheuée, au lieu qu'on ne
fait aucune reflection sur vne au-

ã iij

tre que la Nature semble auoir
fabriquée pour se mocquer elle-
mesme, de son Ouurage. On ajoûte
à cét Avis, que celuy qui a écrit
cette Conuersation de laquelle il
étoit, a jugé qu'elle plairoit d'a-
uantage sous la forme qu'il luy a
donnée, que dans vne narration
de plein pied, qui n'auroit pû auoir
les mesmes graces. Au reste, de
quelque opinion & de quelque goust
que tu sois, tu y trouueras quelqu'vn de ton party : puisque si
Lidamon & Lysandre s'y declarent
auec Belise & Celante, contre les
Ouurages du sieur de Moliere,
Palamede, & Crysolite qui sont
les deux Amans, leur sont fa-

AV LECTEVR.

uorables : y ayant beaucoup d'apparence, lors qu'ils chantent la
Palynodie, comme tu verras, que
ce n'est que par complaisance, &
quand ils ont reconu que leurs
Amantes, en adroites femelles, leur
tiroient les vers du nez, pour en
tirer des consequences qui, peut-
estre, leur auroyent esté ruyneuses.
On n'excuse point l'œconomie de
cette petite Galanterie : l'Ouurage n'est pas d'assez grande con-
sequence pour le traitter comme un
Mystere. D'ailleurs, ou tu te connois aux choses, ou tu ne t'y
connois pas. Si tu t'y connois, tu
ne t'en tiendrois pas à ce qu'on
t'en diroit : & si tu ne t'y connois

AV LECTEVR.

pas, il ne seruiroit à rien de te
découurir le bon ou le mauuais,
la lumiere est inutile aux Aueugles. Ainsi l'on doit rire de ceux qui
donnans quelque chose au Public,
composé de Sçauans & d'Ignorans, s'amusent à luy faire de
grandes Prefaces : qui selon le
Principe infaillible qui vient d'estre
posé, leur sont entierement inutiles,
s'ils n'y confessent ingenüement leurs
fautes aux Intelligens, pour en
euiter la Censure, en leur faisant
connoistre qu'ils ne les ignorent
pas, mais qu'ils n'ont pû faire
mieux.

LE
PANEGYRIQVE
DE L'ECOLE
DES FEMMES,
CONVERSATION COMIQVE.

ENTREE PREMIERE de deux Laquais apportans des sieges dans vn iardin, qui est le lieu de la Scene.

PREMIER LAQVAIS.

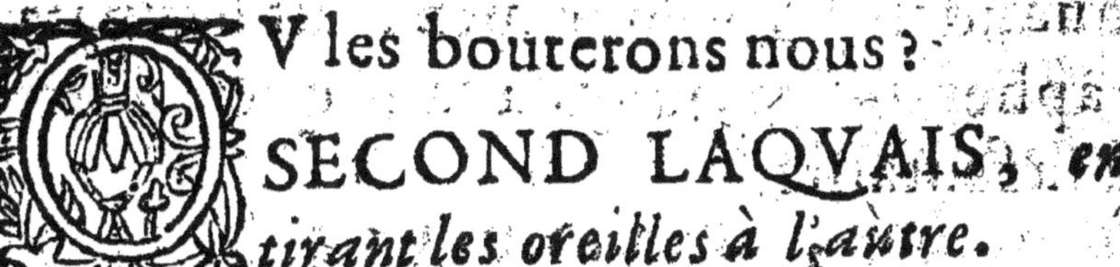

V les bouterons nous?

SECOND LAQVAIS, *en tirant les oreilles à l'autre.*

Il faut dire, où les mettrons nous? faquin.

A

1. LAQVAIS *portant la main à ses oreilles.*

Hala ! hala ! est-ce le droit qu'il faut que ie paye en entrant chez vn noueeau Maitre ?

2. LAQVAIS.

Ie pense que tu n'as serui que dans vn vilage , & chez quelque Maitre de charüe.

1. LAQVAIS.

l'auons serui pourtant au fin milieu de Paris, & chez vn Histrion-graphe de la France.

2. LAQVAIS.

Quelle beste est ce qu'vn Histrion-graphe de la France ?

1. LAQVAIS.

Dame, que sçai-je moy : c'est vn homme qui écrit quantité de papiers, puis les enuoye à vn Imprimeur , puis quand ils sont imprimez , fait des pata-raphes dessus, iusqu'à tant que cela soit à sa fantaisie.

2. LAQVAIS.

Peste soit de l'ignorant, ie re donne-rois encor volontiers, sur la moitié de

tom minois : tu veux dire vn Historiografe, gros fot. Hé bien, quoi ? tu fer-
uois vn Historiografe, & tu parles comme vn Pitaut !

1. LAQVAIS.

Oüi, mais ie ne lifois iamais fes gri-
moires, car ie n'ay iamais appris à luire,
& d'ailleurs, ie ne l'ay iamais entendu
parler que quand il crioit comme vn
beau dieble apres moy, ou apres fon
cocher, ou apres fa feruante : car méme quand il étoit auec les belles Dames
de fon quartier, il ne faifoit que fonger
creux, & n'ouuroit prefques iamais la
bouche que pour bâiller.

2. LAQVAIS.

Il étoit, donc, homme à catroffe, ton
Maitre?

1. LAQVAIS.

Ouy ma foy, mais il l'entretient aux
dépens de ceux qui le feruent : il eft vilain comme lard'iaune, & n'a pas fon pareil en chicheté. Aga, il va luy méme
au marché & à la boucherie, de peut
qu'vne feruante ne farre la mule. Apres
qu'il a diné & foupé, il coupe du pain

& de la viande aſſez petitement à ſes
gens, & ſarre le reſte. Bien danantage,
quand on donne le foin & l'auoine à
ſes cheuaux, il retranche toujours, quelque choſe de la bote , & du picotin,
qu'il met à part , afin que les prouiſions
durent le double

2. LAQVAIS.

Quel diantre de Raquedanaſe! c'eſt vn
vray Treſorier de l'Epargne.

1. LAQVAIS.

C'eſt ainſi , qu'il tond ſur tout : & s'il
traite par fois, ſes voiſines à la ville, ou
aux chãps, iamais il ne leur donne qu'vn
aloyau, outre le potage dont la graiſſe
ne fait point mal au cœur. Mais ces
Dames pour ſe vanger de ſa taquinerie,
luy font mille niches , elles fouragent
tout chez luy ; & bien ſouuent y iouent
à remüe menage, emportans les miroirs,
& d'autres hardes qu'il ne ſçauroit r'a-
uoir ſans qu'il leur paye de bonnes col-
lations. Si elles empruntent ſon carroſ-
ſe, elles font auec, le tour de Paris, & s'en
ſeruans tout le iour , le contraignent
d'aller à beau pied ſans lance , méme

dans le plus vilain temps. On m'a dit plus, qu'vn iour qu'il les menoit en vn village à deux où trois lieües d'ici, estant descendu hors les portes, pour quelque affaire, elles continüérent leur chemin sans l'attendre, de sorte qu'il fut obligé à se faire voiturer, apres elles, dans vn tombereau à grauois.

2. LAQVAIS.

Le tour est assez plaisant : ô ie voy bien ce que c'est que ton défunt Maistre : c'est vn homme que l'on berne, ainsi que nos Eueillées font plusieurs bons Ladres, qu'elles contraignent à faire dépense, sans qu'il leur en reuienne aucun plaisir ni honneur. Mais il n'a donc, point de femme ?

1. LAQVAIS.

De femme, vraimi non, & ie pense qu'il n'en aura iamais, au moins s'il tient le serment qu'il fit l'autre iour, en sortant de l'Ecole des Femmes. Il auoit deja si peur d'estre cocu, à ce que ses precedens Laquais m'auoyent dit, que c'estoit la cause qu'il ne se marioit point: mais ayant oüi en cette Ecole, ce

qu'on y dit des femmes , & comme
presque toutes fichent des cornes à
leurs maris , il iura qu'il ne se metroit
iamais en ce danger là.

2. LAQVAIS.

Voila vne estrange Ecole , chacun en
parle , & iusqu'aux enfans en vont à la
moustade : mais voila aussi comme
vous autres estes accoustumez à parler
mesme de ceux dont vous mangez le
pain: vous ne valez pas la peste , la plus
part vous autres Laquais. Sus plaçons
nos Sieges , voicy l'heure que la compagnie doit arriuer. Elle sera fort bien
sous ce berceau , entre cette pallissade
de iasmin d'Espagne , & ce iect de crys-
tal liquide , l'vne luy flatera l'odorat
par la douceur de ses parfums , l'autre
luy charmera l'oreille par son délicieux
murmure : & de cette maniere , la conuersation ne pouura estre que tres charmante.

1. LAQVAIS.

Vramiche , camarade , ie t'admire &
tu en sçais ma foy plus que mon His-
trionrografe , diantre soit du nom , ie

ne le ſçaurois prononcer. Mais enfin,
ie ne l'ay iamais ouy parler comme cela
des palliſſades & des eaux de ſon iardin, & s'ileſt pourtant aſſez beau.

2. LAQVAIS.

Ho ! ie ſuis icy parmy les beaux eſprits,
& comme i'écoute attentiuement les
belles choſes, i'en retiens touſiours
quelqu'vne : Puis, ie lis les Romans
qui apprennent à bien dire, la Comedie des Prétieuſes où l'on diſcourt à la
mode, & tous les autres Pieces d'vn
Poëte de ce temps qui eſt fort en vogue, à cauſe qu'il déchifre les gens dans
ſes vers, c'eſt à dire qu'il en fait des
peintures au naturel, qui font rire. Pour
dire vray, ſon ſtyle me plaiſt ſi fort que
i'ay voulu m'eſſayer à faire quelque
choſe de ſemblable : & i'ay commencé
vne Comedie que ie pretend rendre
auſſi ſatyrique qu'il s'é ſoit encor veuë
de cèt Autheur. C'eſt vn hóme qui re-
cherche vne belle fille, & que ie tour-
ne en ridicule, pour empeſcher la mere d'en faire ſon gendre : & voicy par
où ie debute.

Il auoit neantmoins , vne autre mar-
          chandiſe ,
Mais qui ſe trouuoit là, d'aſſez mauuaiſe
     miſe.
Il auoit dans ſa téte , vn grand nombre
     de vers ,
Non de ceux qui ſont bons , mais des
     vers tres-peruers.
En vain, en bien des lieux, il fit ſa vi-
     ronnée ,
Afin d'en débiter : ſa triſte deſtinée
Ne luy permit iamais , de leur trouuer
     marchand.

PASITHE'E.

Il étoit fort à plaindre en vn malheur ſi
     grand.

MICHELIN.

Le Curé de Porcheux touché de ſa mi-
     ſere ,
L'alimenta deux mois, dedans ſon Pres-
     bytére :
Et durant ce temps-là, voulant s'en di-
     uertir,
Luy fit de ſon cerueau, les premiers vers
     ſortir.
Il dreſſa la Legende, en rime aſſez peu

MICHELIN.

Ce que ie sçais fort bien.

PASITHE'E.

A ce que ie voi, donc, c'est vn homme
de rien.

MICHELIN.

En Belitre, il montroit ses fesses dé-
couuertes,
Et n'auoit plus d'entier que des iartie-
res vertes,
Qu'il vendit seulement enuiron douze
sous
A certain Hostelier, y compris quelques
pous.

PASITHE'E.

Poüac, ne me parlez point de cette sale
engeance,
Vous me feriez vomir sur l'honnéte Af-
sistance.

MICHELIN.

Estes-vous si poutieuse?

PASITHE'E.

Hé bien en cet estat?

MICHELIN.

Bien plus qu'vne punaise, helas! il étoit
plat.

B

sa puissance :

Ayant, adioustoit-il, herité depuis peu,

D'vn Curé d'alentour dont il estoit
neueu,

Et dans cét heritage, eu quantité de
Liures,

Que l'on faisoit monter iusqu'à cent
bonnes liures.

Lors, Gros-Iean commençant de se
bien réioüir,

S'en court, sans perdre temps, chez cet
Orfevre en cuïr;

Le quel ayant le mot, ne fit durant quin-
zaine,

Sinon le baloter & tenir en haleine,

Sur sa succession faisant l'homme af-
fairé

Ce qui rendoit Gros Iean fort triste &
fort outré.

Mais enfin, le Moqueur, pour acheuer
la Berne,

Vn iour qu'il étoit gay, sortant de la ta-
uerne,

Lui dist:Gros Iean venez, me voicy de
loisir,

Ie vous feray tout voir, & vous pourrez
choisir.

fine,
Et de sainte Seconde, & de sainte Ru-
fine.
Ce fut son coup d'essay, mais quoy! les
Païsans,
Disoyent qu'ils auoyent veu des vers
plus reluïsans.
Il fut d'auis pourtant d'ouurir encor sa
veine,
A fin d'en régaler quelqu'vn en bonne
etreine.
Ce que ie vay vous dire est le meilleur
de tout,
Mais Gros Iean eut besoin pour en ve-
nir à bout,
De mettre vn peu le nez dans les Liures
d'Astrée,
Que l'on n'eust pas trouuez dans toute
la Contrée.
Or de ces habitans, vn certain compa-
gnon,
Pour le berner, luy dit qu'vn nommé
Gros Talon,
Le Sauetier du lieu, parlant par reue-
rance,
Auroit ce qu'il cherchoit, sans doute, en

tement :
Et iura par la mort, qu'il auoit bonne
grace
De se ioüer ainsi d'vn Mignon du Par-
nasse.
Mais l'autre à qui Baccus échaufoit le
cerueau,
Traittant de haut en bas , le maudit
Poitereau,
A coups de Tire-pied, qui fut sa repar-
tie,
Vous luy fit faire viste vn branle de sor-
tie :
Et puis vous luy fronda ses formes aux
talons,
Qui l'empescherent bien d'aller à recu-
lons.

PASITHE'E.

Cette auanture est drôle,

MICHELIN.

Il en eut tant de honte,
Qu'il sortit de Porcheux : & là, finit le
conte.
Depuis, s'estant trouué parmy les Par-
tisans,
Il a fait quelque chose ainsi que plu-

choisir.

Par auance, Gros Iean osta cent fois sa
   cale,

Sous qui se mitonnoyent la vermine, &
   la gale,

PASITHEE.

C'estoit, donc, vn Chrestien à faire
   mal au cœur,

MICHELIN.

Et luy dist, ie vous rens mille graces
   Monsieur.

Auec ces complimens de si belle degais-
   ne,

Il arriue au Taudis de ce Pousseur d'a-
   lesne :

Mais pour Bibliotheque & pour Liures
   de prix,

Dont il fut alors fait de grands éclats de
   ris,

Il luy montra derriere vne toile pour-
   rie,

Vn petit Magazin de sabetnaude-
   rie.

Gros Iean au vif piqué, changeant de
   compliment,

Fit voir au Sabernaud vn peu d'empor-

C

SECONDE ENTRE'E
DE LIDAMON ET DE
PALAMEDE.

PALAMEDE.

Qvel sera le su;et de la conuersation ; &   quelles sont les personnes qui en doiuent estre ?

LIDAMON.

Nous n'auons point cette fois, proposé le suiet de nostre entretien : l'on le choisira sur le champ, afin que chacun fasse mieux voir la presence de son esprit. Pour les Entre-parleurs, nous deuons auoir l'aimable Clorinde, vostre belle Celante, & la charmante Belise, auec le galant Crysolite, qui comme vous le scauez, la doit espouser dans quelques iours.

ſieurs gen :

Mais quoy ! ce quelque choſe eſt peu
conſiderable,

C'eſt toûjours, vn Obſcur, vn Laid eſ-
pouuantable,

En qui l'on ne découure aucune qualité

Qui le puiſſe aſſortir auec cette Beauté :

Et ce ſeroit vrayement, vne fortune eſ-
trange

Que l'on viſt eſpouſer le Diable par vn
Ange.

Le Lacquais continuë de parler, & dit à
l'autre.

Hé bien, cela eſt t'il mauuais pour vn
eſſay ? ma foy ſans me flater, ie ne trouue pas que le Poëte qui eſt ſi fort en
crédit, faſſe guere mieux, & nous verrons.... ie ne dis rien.... Va ſi tu de-
meures long-temps ceans, ie te iure
que tu deuiendras auſſi habile que moy :
mais voicy déja noſtre Maiſtre auec
vn de ſes amis.

la prenois pour cela, ie ne me suis pas
retiré auec moins de promptitude.

LIDAMON.

Ie sçai ce que c'est : elle trauailloit à la
réparation des debris de la reature. Elle
a chaque semaine, certains iours, où
elle appelle l'Art à son ayde contre les
maladies & le temps : & où elle se grais-
se de pied en cap, comme les Sorciers
quand ils vont au Sabat.

PALAMEDE.

Iustement ; elle auoit sur le visage de
grands emplastres iaunes & huileux :
& ie croy, en bon François, que tout
son corps en estoit enueloppé.

LIDAMON.

N'en doutez point, & que vous n'a-
ez senti la püanteur que vous croyez
vous étre imaginée. I'ay conù la plus
belle Personne de France, qui s'enfo-
uelissoit ainsi tous les mois, & se faisoit
soulphrer comme vne toile de soye,
pour étre plus blanche : de sorte que la
maison en étoit infectée plus de quinze
iours, nonobstant les meilleures casso-
lettes.

PALAMEDE.

Ie vous puis asſurer que vous n'aurez
pas l'aimable Clorinde. Elle n'eſt pas vi-
ſible auiourd'huy : & ſi vous ſçauiez en
quel eſtat ie l'ay ſurpriſe au trauers les
vitres de ſa chambre, vous l'appelleriez
plûtôt, la monſtrüeuſe, que l'aimable
Clorinde. Elle vous auroit, ſans doute,
fait peur, & mal au cœur, en méme
temps: & pour moy ie ne ſçai encor où
i'en ſuis de l'auoir vüe en cette poſ-
ture ?

LIDAMON.

Comment donc, que luy eſt il arriué
de puis hier, qui l'ait defiguré e, à éfra-
yer, & degoûter les gens de la ſorte ?

PALAMEDE.

I'ay penſé voir quelque Spéctre qui
ſortoit du Tombeau, reueſtu de ſon ſüai-
re : & ie me ſuis imaginé ſentir la
mauuaiſe odeur qui s'éxale à l'ouuertu-
re des ſepulchres. Elle ne m'a pas ſi tôt
apperceu que bien affligée, comme ie
me le perſüade, de ce que ie l'auois dé-
couuerte en vn tel deſordre, elle eſt diſ-
paruë ainſi qu'vn Fantoſme : & moy qui

qui n'est soutenu que d'vn leger epider-
me, pour vn faux brillant qui n'est l'effet que de mille vilains artifices, & qui
nous cache tant de véritables suiets de
dégoût & d'auersion.

PALAMEDE.

Ie vous répond auec vn grand homme
de l'Antiquité, que la nature a fait les
deux Sexes l'vn pour l'autre, & que c'est
la raison de cette violente ardeur qui
s'allume entre l'hôme & la femme sans
aucune reflexió sur leurs imperfections
réciproques. Mais il faut auoüer que la
plus part de nos Dames sont bien diffe-
rantes en certain temps, de ce qu'elles
nous paressent en vn autre: & que si nous
les pouuions voir à toute heure, elles
ne seroyent pas toujours, des suiets de
nostre Passion, & de nostre Idolâtrie.

LIDAMON.

Ouide n'auoit point aussi trouué de
meilleur reméde, pour se guerir de la
maladie qu'elles causent, que de les aller voir le matin, auant qu'elles ayent
consulté leur miroir, & repris sous la toi-
lette, ce qu'elles y ont laissé le soir, tous

ces

PALAMEDE.

Celles là font toutes foulphrées pour l'Enfer : & c'eft autant de peine épargnée aux Demons, qui n'auront qu'à les mettre au feu, où elles bruleront comme des allumettes.

LIDAMON.

La reflexion n'eft pas mauuaife.

PALAMEDE.

Bon Dieu ! les Femmes fe peuuent elles réfoudre à conferuer leur beauté à ce prix ? il me femble qu'vn luftre qui coute tant de foins & d'incommoditez, eft chérement achepté, & que ie renonce-rois de bon cœur à cette fragile & fuy-ante Idole de la Beauté, s'il falloit tant d'artifice pour la retenir.

LIDAMON.

Les Femmes font tout pour conferuer ce qui feul, bien fouuent, les peut ren-dre confidérables : & à dire vray, l'on ne fait pas grand eftat de celles qui n'ont pas cette petite portion de Diui-nité qui les fait traiter de diuines. Mais ie m'étonne bien plus, que nous ayons de fi ardantes paffions pour vn charme

PALAMEDE.

Il y a de la différance: ce que nous en disons est en particulier, & non en public, où nous en disons, au contraire, du bien & par delà, pour gagner leurs bonnes graces. D'ailleurs, nous ne touchons point à leurs mœurs, & nous ne les nommons pas infames Coquetes, comme Zoïle.

LIDAMON.

Chut, i'ay entreuû, si ie ne me trompe, Belise & Celante qui entrent dans cette allée couuerte. Ces deux Belles seroyent capables de rétablir la coutume dont vous parlez, si on auoit pu l'abolir: & certes, quelque resolution qu'on eust prise sur le pied de ce que nous venons de dire, il en faudroit bien changer à leur aspect. Mais il est de la bien seance que ie les aille receuoir.

ces ajuſtemens qui corrigent ou embel-
liſſent la Nature, & qui nous doiuent
faire confeſſer que l'Art ſçait bien
mieux qu'elle, nous tromper, & nous
donner de l'Amour.

PALAMEDE.

Elles ne ſont pas ſi ſottes que de nous
laiſſer mettre en vſage, le remede d'O-
uide : les Finettes ne nous permettent
iamais de les viſiter dans cette deſauan-
tageuſe nudité de charmes, qui pourroit
leur faire perdre l'Empire des cœurs : &
de noſtre part, quoy que nous ſoyons
perſüadez qu'elles doiuent ce qui touche ſouuent le plus, à ce qui leur appartient le moins, nous ne laiſſerons pas
d'en eſtre piquez, & d'en faire nos Sou-
ueraines. C'eſt vne couſtume auſſi ancienne que le Monde, d'aimer ce ſexe :
& comme elle eſt paſſée de nos Peres à
nous, elle paſſera de nous, à nos Ne-
ueux.

LIDAMON.

Nous diſons icy bien du mal des Femmes, & l'on n'en dit pas dauantage dans
l'Ecole du Poëte Satyrique de ce temps.

D

QVATRIEME ENTRE'E.

DE LIDAMON, PALAMEDE, BELISE, ET CELANTE.

LIDAMON

PAlaméde, nous ne deuons plus estre en peine de sujets pour la Conuersation : on n'en peut manquer auec
deux Personnes si spiritüelles & si
belles.

PALAMEDE.

Lidamon, ie souscris auec plaisir, à
ce que vous dites en faueur de Belise
& de Celante : & quand vous aurez
dessein que l'on vous croye, il ne vous
faut qu'auancer des véritez aussi claires, & aussi aimables.

CELANTE.

Qu'en dites vous Belise ? nous ne nous
attendions pas à de pareilles douceurs :

& nous

PALAMEDE

demeure & parle seul.

HElas ! ie sçais au moins, qu'il me seroit impossible, de ne pas aimer Celante : & que quand ses mépris se ioin-
droyent à toutes les reflexions que nous
auons faites, ie ne laisserois pas de l'ado-
rer. Amour, quelles douces emotions tu
me causes à son approche ! mais ce n'est
pas icy le lieu où elles doiuent parestre.

LIDAMON.

Ah! iugez vous si crüellement de.....

BELISE.

C'est trop nous dire de belles choses, & ie ne suis pas assez riche en reparties, pour en écouter dauantage : mais ie croy que nous ferions vne figure plus aisée en nous plaçant dessus ces siéges, si nous voulons entrer en conuersation.

LE LAQVAIS *faisant le spirituel.*

Madame, si i'osois parler pour ces pauures müets, ie vous dirois qu'ils vous tendoyent les bras par pitié, de vous voir en cet état de violence : & qu'ils sembloyent se plaindre de l'inexorabili-té que vous leur témoignez.

LIDAMON.

Hay, hay, hay, n'ay-je pas là vn drole de Laquais ?

BELISE.

Où l'auez vous pesché ! ne l'auez vous point eu de quelque Précieuse ? car il me semble qu'il veut jargonner comme elles.

& nous sommes tout à fait obligées à la
galanterie de Lidamon & de Palaméde.

BELISE. *en riant.*

Pourquoy ? puisque c'est la verité
qu'ils ont dite, n'y estoyent-ils pas eux
mesmes obligez? & la Iustice ne veut elle pas que l'on rende à chacun ce qui
luy appartient ?

CELANTE.

Vrayment vous ne l'entendez pas mal:
où est la modéstie si bien séante à nostre sexe ? & pouuez vous, sans luy faire
banqueroute , receuoir si fiérement,
vne obligeante cajolerie ?

BELISE.

Que vous estes bonne Celante! Quoy
voulez vous que nous faßions bouclier
de modestie auec des gens qui ne parlent pas tout de bon,& qui veulent seulement donner carriére à leur bel esprit? C'est entendre raillerie que ie croy,
& la rendre comme il faut, de leur res-
pondre en la maniere que ie fais.

PALAME'DE.

Quoy Belise,conessez vous si mal vostre merite !

E

attentiuement , car ie fuis rauy de m'inf-
trüire en fi bonne Ecole.

LIDAMON.

Il eft par ma foy , bon là , voila l'Autheur des Précieufes Ridicules, coftigé
par mon Laquais: mon Laquais en cherit fur Zoïle , & croit tourner les chofes
mieux que luy !

PALAMEDE.

Comment , Diable ? il l'entend, & ie
fuis d'auis que vous l'enuoyez à cet Autheur , pour repaffer le Pinceau furtous
fes Oüurages, il pourra les rendre plus
beaux de moitié.

BELISE.

Ie fuis d'auis qu'on l'enuoye auffi à
toutes les précieufes que nous coneffons,
pour nous vanger de luy , & d'elles, de
nous auoir inféctez de leur maudite façon de parler : car on ne fçauroit fi
bien s'en défendre qu'en effet , il ne
vous en échape toujours , quelque terme qui gafte la pureté du beau Langage.

CELANTE.

On auoit cru cet Idiome précieux en-

CELANTE.

Sans doute , il en a ſerui quelqu'vne.

PALAMEDE.

Bon, ce n'eſt pas cela , ie parie que
c'eſt qu'il a lû les Précieuſes Ridicules.

BELISE.

Vous auez raiſon, il y a quelque choſe
en cette Comedie , du galimatias qu'il
nous à fait.

LIDAMON.

Hay hay hay, eſt il vray que tu as lû
les Précieuſes ridicules ?

LE LAQVAIS.

Et pourquoy non, n'eſt-ce pas vn liure
ouuert à tout le monde ? mais pourtant,
ie n'ay pas dit les choſes comme elles y
ſont, mot pour mot : i'y en ay changé
quelques vnes, & ajouté d'autres pour
encherir ſur l'Autheur , & rendre cét
endroit encor plus ioli. Au reſte, ie ne
ſçay pas ſi ce langage vous déplaît, mais
ie vous diray que ie le trouue à préſent,
fort meſlé dans celuy des mieux diſans ,
& qu'il vous en eſt bien échappé des
termes, depuis que ie vous écoute icy

attentiuement, car ie suis rauy de m'inſtruire en ſi bonne Ecole.

LIDAMON.

Il eſt par ma foy , bon là , voila l'Autheur des Précieuſes Ridicules, coffigé
par mon Laquais: mon Laquais en cherit ſur Zoïle , & croit tourner les choſes
mieux que luy !

PALAMEDE.

Comment , Diable ? il l'entend, & ie
ſuis d'auis que vous l'enuoyez à cet Autheur , pour repaſſer le Pinceau ſurtous
ſes Ouurages, il pourra les rendre plus
beaux de moitié.

BELISE.

Ie ſuis d'auis qu'on l'enuoye auſſi à
toutes les précieuſes que nous coneſſons,
pour nous vanger de luy , & d'elles, de
nous auoir infectez de leur maudite façon de parler : car on ne ſçauroit ſi
bien s'en défendre qu'en effet , il ne
vous en échape toujours , quelque terme qui gaſte la pureté du beau Langage.

CELANTE.

On auoit cru cet Idiome précieux en-

tierement deſtruit : mais il eſt plus en
regne que iamais. Vous voyez comme
Zoïle l'a remis ſur le Theatre, dans ſa
Critique, où ceux meſmes qui font ſem-
blant de le condamner, le parlent autāt
que les autres : & ie vous aſſure que la
pluſpart des Femmes prennent plaiſir à
luy redonner la vogue.

BELISE.

Ouy, de certaines petites Pelées, qui
croyent ſe rendre fort recommandables
par là, & qui ſous prétexte qu'on les a
miſes dans le grand Dictionnaire des
Précieuſes, pour ſe moquer d'elles par
vne fine ironie qu'elles n'ont pas l'eſprit de coneſtre, penſent qu'il y va de
leur honneur, de maintenir l'empire
de la Precioſité ridicule. I'en ſçay vne
qui eſt deuenüe tellement enflée de s'eſtre vüe en ce Dictionnaire, auec des
loüanges qu'on ne luy donnoit que
pour l'enteſter & la faire deuenir encor
plus ridicule, qu'elle croid eſtre la Sur-
intendente des Precieuſes, & deuoir re-
gler tout ce qui les concerne Elle a tant
de vanité, qu'elle appelle ſa rüelle, le Po-
E iij

liſſoir de eſpris, & tient que c'eſt chez
elle ſeulement, qu'on leur peut donner
le beau Tour. Elle affecte de ne parler
qu'en termes qui ſoyent de ſa façon : &
veut que les autres s'en ſeruét à l'excluſion de tous ceux qui ont eſté inuentez
par les Sectatrices de la precioſité. Elle a
ſubſtitüé Irriſió en la place de Riſée,
elle vſe fort du terme de Pruderie , &
de celuy de Ridiculité : & l'on m'a dit
que depuis peu , elle appelle le Vitrage, le Tranſparent de la maiſon , le
Lit, le Domicile du ſommeil & des ſonges , le Miroir , le fidelle Conſeiller du
viſage , & les autres choſes par des noms
auſſi ſogrenus.

PALAMEDE.

O la ridicule Prétieuſe !

CELANTE.

l'en ſçay vne qui l'eſt bien autant. Cóme celle-là ſe plait à baptiſer les choſes à
ſa mode, & à ne s'exprimer que par de
nouuelles fraſes , celle-cy affecte des ſe
veſtir, d'agir, meſmes de manger , d'vne
façon qui la diſcerne d'auec le reſte du
ſexe. C'eſt elle qui a inuenté cette ſorte

de mafque qu'on appelle Loup, fans
dire pourquoy, & l'on dit qu'elle veut
donner l'inuention d'vne Etofe qui fe
nommera la Précieufe.

LIDAMON.

Pour l'inuention du Mafque, elle n'en
doit pas auoir les gans, Ie fçai d'ori-
ginal à qui on la doit, & pourquoy ce
mafque s'appelle ainfi. Vous fçauez qu'ó
dit que nous auons tous ie ne fçai quoy
qui nous fait reffembler à quelque Ani-
mal : or vne Dame que ie ne vous nom-
meray point, ayant tellement l'air d'vn
loup qu'il ne luy reftoit que le tour des
iouës qui luy pût faire honneur, s'auifa
de fe faire tailler vn Mafque en forte
qu'il luy laiffaft voir ce peu de beau : &
comme elle a neanmoins vn éclat qui
dupe ceux qui n'ont pas le temps d'en
examiner le détail, elle s'eft auffi auifée
de ne le point atacher autrement que
vous le fçauez, afin de le pouuoir ôter
& remettre inceffammét foit au Cours,
à la Comedie, au Temple, ou aux Prome-
nades, pour…. vous m'entendez bien.
Cependant ceux qui lui faifoyent la

guerre de sa ressemblance auec le Loup,
ne lui eurent pas plustot vu ce nouueau
Masque, qu'ils crierét, au Loup, au Loup:
& de cette maniere, le nom en est demeuré à tous les Masques qu'on a faits
de la mesme sorte. Au reste, l'vsage s'é est
trouué le plus comode du monde, pour
toutes les Femmes. Celles qui n'ont d'a-
greable que le tour du visage, s'en seruent auec beaucoup d'auantage: celles qui actionnent sans cesse, & à qui le
badinage plait, s'ocupét à l'oster & à le
remettre, mesme encor auec bien de l'effet; & toutes les autres en tirent la com-
modité de se pouuoir masquer & de-
masquer facilement.

CELANTE.

Le Conte du Masque n'est pas mal
inuenté.

PALAMEDE.

Il faut bien, quoy qu'il en soit, que
quelque ocasion ait esté cause qu'on ait
ainsi baptisé cette sorte de Masque.

BELISE.

Ha! laissons là, ces Bizarres animaux,
auec leurs manieres de faire, de se ves-

tir

tir , & de parler.

au Laquais.

Mon enfant, di-nous ie te prie, quels termes de préciosité tu as remarquez dans nos discours : car ie m'en veux corriger ainsi que de mes plus grãdes imperfections.

LIDAMON. *au Laquais.*

Allez, allez à vos affaires, Laquais, ne voyez vous pas qu'on se moque de vous ?

CELANTE.

Pourquoy ne l'auez vous pas laissé là? il nous auroit vraiment diuertis ce Laquais , il se pique plaisament, de sçauoir quelque chose: & ie ne sçai comment ie ne me suis pas laissée emporter à vn furieux éclat de rire , lors que pour imiter l'Autheur des Précieuses, il a donné des bras à nos sieges qui n'en ont poiut. Mais puis qu'il nous a mis sur le Chapitre de ce Zoïle, nous pouuons en faire le sujet de nostre conuersation. Aussi bien voulons nous pour raison, sçauoir Belise , & moy, ce que Lidamon, Pala-

E

mede, & Cryſolite qui viendra bientôt,
penſent de ſes Ouurages ?

PALAMEDE.

Vous voulez, ie m'en doute, que nous
frondions ſon Ecole des Femmes :
quelqu'endroit vous y a déplû, auſſi biē
qu'à pluſieurs autres. Il eſt vray qu'il y
traite étrangement mal votre Sexe, &
qu'il en parle le plus deſobligeamment
du monde.

BELISE.

Il n'y épargne guére dauantage, le
votre : & les hommes y ſont du moins
auſſi galamment aiuſtez que les femmes.

LIDAMON.

Il y met en aſſez beaux draps blancs,
les vns & les autres : mais quel mal luy
en peut-on vouloir, puis qu'on prend
plaiſir à ſe voir l'obiet de ſes Satyres ?
qu'on les achepte, qu'on ſe diuertit à
les entendre ſur ſon Théatre : & que par
vne aueu ſi ſolennel, on l'a mis en poſ-
ſeſſion de pouuoir deſormais, réuéler
les Myſteres les plus ſecrets des Famil-
les, & de diuertir le Public, aux dé-

pens du Particulier ?

CELANTE.

Ce n'eſt point ſon Ecole ſeule que ie veux critiquer: ce ſont tous ſes Ouurages de Théatre, depuis ſes Précieuſes Ridicules. Ie ne veux point déguiſer mes ſentimens, i'aime la belle Comédie, & ie ne ſçaurois ſouffrir qu'à cauſe qu'il n'a pas vne Troupe propre à la ioüer ſur ſon Theatre, & qu'il eſt lui meme le plus deteſtable Comedien qu'on ait iamais vû, il la détrüiſe par des Rapſodies qui font que chacun déſerte ſon parti: & qui obligent iuſques à l'vnique & incomparable Troupe Royale, de la banir honteuſemét de ſa pompeuſe Scene, pour y repreſenter des Bagatelles & des Farces, qui n'auroyent eté bonnes en vn autre temps, qu'à diuertir la Lye du peuple, dans les Carrefours, & les autres places publiques: tâchant ainſi d'euiter le titre d'Ancienne, qu'on luy dóne au Louure, à cauſe que ſes grands Poëmes ne ſont plus à la mode, c'eſt à dire, de la qualité de ceux de Zoïle.

BELISE.

En effet, il a ruïné le plus beau &
le plus honnéte diuertiſſement que nous
euſſions ; & i'ay horreur des Monſtres
auſquels ſon exemple a donné naiſſance
ſur tous nos Théatres. Ne ſont ce pas
d'agréables choſes, que des Secretaires
de S. Innocent, les Miracles du Mépris,
l'Intrigue des Carroſſes, des Collin-
maillards, & ie ne ſçai combien d'autres Fatras dont les vns ont ſuiuy les
Prétieuſes, & le Cocu Imaginaire, & les
autres précédé, ou accompagné l'Ecole
des Maris, & celle des Femmes, pour
leur diſputer l'honneur de diuertir les
honneſtes gens ?

PALAMEDE.

Il me vient ſur cela vne plaiſante Idée;
ie m'imagine voir le grand Ariſte au milieu de tous les petis Auortons du Par-
naſſe, qui nous donnent ces niaiſeries,
comme vn Geant inueſti par des Pyg-
mées, & des Nains, qui luy veulent faire la guerre.

LIDAMON.

Ce grand Homme, à dire vray, eſt aſſez

fez étonné de fe voir fur les talons, cette Fourmilliere de Grimelins qui fem-
blent le chaffer du Theatre, où iufques
icy, faMufe auoit eu vn fi glorieux afcen-
dant: & ce ne lui eft pas vne petite mor-
tification de voir fon grand Cothurne
éfacé par le ridicule Efcarpin de ces De-
mi ou Quarts d'Auteurs , engendrez
de la corruption du Siècle.

PALAMEDE.

S'il n'auoit que cette Vermine à com-
batre, il ne feroit pas encor beaucoup à
plaindre. Le grand Arifte ,feroit toujours le grand Arifte. Mais il a en tefte,
vn redoutable Auerfaire qui pretend ra-
finer l'intelligence,& le goût de fes Ad-
mirateurs, pour les empécher de crier
miracle, comme autre fois , à la repré-
fentatiõ de fes Piéces. Il fait voir fur tout,
à ceux du Parterre,qu'ils fe font fouuent,
laiffez ébloüir à de mauuais Brillans : Il
les veut obliger à reprendre toutes les
loüanges qu'ils luy ont données : & s'il
en eft crû , ils s'infcriront en faux , contre tous les Ouurages fur lefquels,com-
me fur des Titres iniuftes , il a éta-
G

bli sa réputation.

LIDAMON.

Vous donnez trop de gloire à Philarque de l'estimer vn redoutable Auersai-
re. En quoy dõc est-il si redoutable? Est-
ce pour auoir en vain, ietté vn peu de
mauuaise ancre sur les beautez de So-
phonisbe, & de Sertorius? & porté des
coups à tors & à trauers, sans aucun effet, comme Ænée, en la Région des Om-
bres? Il tranchoit du Goliath, lors'qu'il
est entré dans cette Lice: mais il s'est
trouué vn petit Dauid qui a fait si vi-
goureusement claquer sa fronde, contre lui, qu'il l'a bientôt obligé à rangai-
ner sa brauoure pedantesque, sans que
le Grand Ariste ait eu besoin de se mettre en aucune maniére, sur la défensiue.

BELISE.

Qui est, donc, ce Petit Dauid que vous
faites passer pour vn si vigoureux As-
saillant?

LIADMON.

Comment! vous ne conessez pas ce
ieune Autheur qui a fait entr'autres
choses, les Nouuelles Nouuelles où il a

ioüé tout le Monde , fans en excepter
le Grand Arifte !

BELISE.

Ha ie fçai qu'il eft, & ie me reffou-
uiens qu'il s'eft baptifé de ce nom de
petit Dauid, dans fa Défence de Sopho-
nisbe. Il a tout à fait de l'efprit, mais c'eft
vn Cenfeur vn peu trop rafiné: car dans
fa Reponfe aux Remarques de Philarque fur Sertorius , il s'eft auifé de faire myftere des Monofyllabes d'vn
Sonet : ne confidérant pas qu'ils peuuent entrer en la compofition des
plus beaux vers : & que le grand Ouurage du Monde , n'eft qu'vn af-
famblage d'Atomes , qui produit
neantmoins , vne merueilleufe harmonie.

PALAMEDE.

En effet , cette Critique eft des plus
tranfcendantes. Mais, Lidamon , vous
étes mal informé quand vous dites que
Philarque a ceffé d'ecrire. I'ay fçeu qu'a-
yant de nouueau taillé fa plume, il auoit
dechiqueté l'Ædipe , & que fon deffein
eftoit de traiter ainfi tous les autres Dra-

matiques, du grand Ariste, sans faire
semblant d'entendre claquer la Fronde
du petit Dauid qu'il a dans ses Remarques, métamorfosé en Grenoüille des
Marais du Parnasse, auec tous ceux qui
se sont mélez de la défense du grand
Ariste.

CELANTE.

Cette sorte de Métamorfose est plus
facile que dangereuse. Nous auons le
méme pouuoir que luy, de métamor-
phoser ainsi les gés: & nous le métamor-
phoserons en Crapaut, aussi bien a-t-il
assez de venin pour tenir sa place parmi
ces vilains Reptiles. Laissez faire, nous
aimons le grand Ariste, nous nous sou-
uenons du Cid qui nous a tant char-
mées, & de toutes ses autres miracu-
leuses Pieces qui ne sont pas moins les
delices de nos Cabinets que des Théatres. Nous aimous pareillement son Defenseur, de qui nous attédons des reparties à le faire desesperer: & si Philarque
s'en prend à nos Plaisirs, il verra de
quoy des femmes sont capables : qu'il
se souuienne de la Catastrophe d'Orfée.

LIDAMON.

Tudieu, quelle menace!

PALAMEDE.

Ie ne voudrois pas qu'elle fût contre moy : c'est vne chose terrible qu'vne femme en colere.

BELISE.

Courage! ie veux estre des plus auant, de cette belle partie. Mais voulez vous oublier Zoïle dans cette longue Digression? Il me semble que vous n'auiez pas dessein de l'en quitter à si bon marché.

PALAMEDE.

Que vous estes mauuaise, Belise! I'anois fait tomber la Compagnie dans cette Digression, pensant détourner l'orage que ie voyois grossir sur la teste du pauure Zoïle, & vous n'auez pû souffrir que ie luy aye rendu ce bon office : Mais ie vous declare que ie ne sçaurois consentir qu'il soit icy persecuté sans Defenseur, & que ie veux estre le sien.

CELANTE.

Si Lidamon demeure de nostre costé, vous n'aurez qu'à vous bien tenir.

LIDAMON.

Doutez vous, Celante, que ie ne m'attache au bon Party? & Palamede pourroit-
il s'imaginer que ie vouluffe, auec luy,
proteger vn Ennemy Public, contre les
plus aimables Chreftiennes du Monde?

PALAMEDE.

I'auois fujet d'apprehender vn mauuais fuccez, fi ie fuffe demeuré feul contre trois fi puiffans Auerfaires : mais ma
bonne Fortune m'enuoye à propos, le
braue Cryfolite, pour me feruir de fe-
cond. Ie fuis affuré qu'il eft pour Zoïle,
& qu'il ne manque pas de ce qu'on appelle efprit, pour le défendre d'impor-
tance.

BELISE.

Hé bien! auec ce Second tour fpirituel
& zelé qu'il eft pour Zoïle, vous ne
laifferez pas de perdre la caufe que
vous défendrez, & ie vous en affure
deuant Cryfolite.

Parlant à part à Celante.

Nous allons voir fi nos Amans n'auront rien contracté de l'herefie de
l'Ecole des Maris, & de celle des Fem-

mes: & ce que nous deuons esperer
de leur conduite dans nostre mé-
nage?

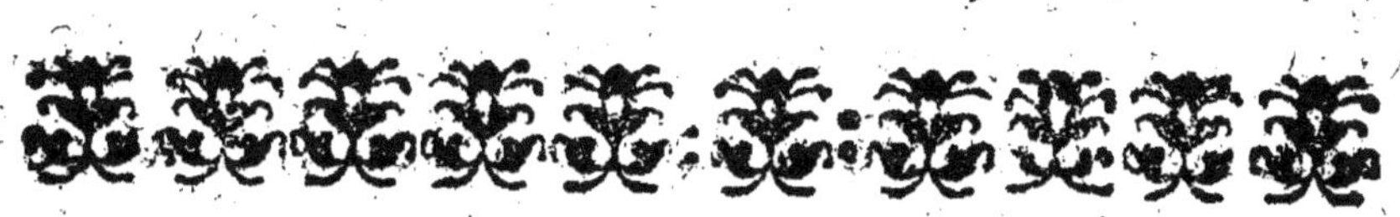

SCENE CINQVIESME.

LIDAMON, PALAMEDE,
CRYSOLITE, CELANTE,
BELISE.

CRYSOLITE.

DE quoy, donc, l'aimable Belise
vous assure-t'elle deuant moy?

PALAMEDE.

De vostre défaite & de la mienne.

CRYSOLITE.

En quelle rencontre denons nous es-
süyer cette disgrace? & par quel malheur faut-il que nous en soyons assurez
par la bouche de ....

BELISE.

Tréue de galenterie, tous vos beaux
diſcours ne ſeront point capables de
nous r'adoucir tant ſoit peu : nous ſommes en reſolution de dauber Zoïle, Palamede a deſſein de le défendre auec
vous, & ie luy predis voſtre défaite &
noſtre victoire.

LIDAMON.

Voila, Cryſolite, la guerre declarée;
& ie me range du coſté de ces Belles,
contre vous.

CRYSOLITE.

Ie trouue la partie aſſez inégale : mais
nous ſommes preſts à ſouſtenir l'aſſaut,
& à nous défendre le mieux qu'il nous
ſera poſſible. Dequoy, Meſdames, ac-
cuſez-vous le mal-heureux Elimore,
qu'il vous plaiſt de baptiſer ainſi du nom
de Zoïle.

BELISE.

Celante l'accuſe de deſtrüire la belle
Comedie.

CELANTE.

Ouy, je l'en accuſe, & ie ne luy par-
donneray iamais cét attentat.

CRY-

CRYSOLITE.

Dites moy, Celante, ce que vous
appellez la belle Comedie ?

CELANTE.

Vous ne pretendez pas que ie vous
parle en maitreſſe paſſée de ces Ouurages de Theatre. Ie ne ſuis pas de ces
Sçauantes qui compoſent, ie pourrois
adjouſter auec vn peu d'aide qui leur
nuit quelquesfois, plus qu'il ne leur fait
de bien. Ie vous dis, donc, que i'en-
tends par la belle Comedie, ces Pieces
qui ſont des Tableaux des Paſſions, ga-
lemment touchez, où l'on remarque
de beaux ſentimens, où l'on void des
moralitez iudicieuſement repanduës,
où paroiſſent ces brillans d'eſprit qui
charment, où, enfin, l'on trouue dequoy s'inſtruire, & ſe diuertir agrea-
blement. Ie mets en ce rang les Chefs-
d'œuure du grád Ariſte, dót ie ne prens
que le Menteur pour l'oppoſer à tout
le miſerable Comique de Zoïle; Tels
ſont les Viſionnaires de Polyda-
mas, le Don Bertrand, le Feint Aſtro-
logue, & quelques autres Comedies

H

du spirituel Isole; & pour me seruir d'vn
exemple plus frais, tels sont les A-
mours d'Ouide, du doux Bergile, qu'
l'on void tant de brillant & de deli-
catesse.

CRYSOLITE.

Celante, au moins, prenez garde que
vous parlez-là d'vne Piece qui n'est
ny Comedie, ny Tragedie, ny Tragi-
Comedie, & qui d'ailleurs se ioue
par ressorts & par machines.

CELANTE.

Nous n'auons pas besoin de cét auer-
tissement, Crysolite; ie sçay bien que
vous voulez dire que cette Piece est d'vn
genre douteux; mais si ie l'appelle Comedie Heroïque, ie croy luy
auoir trouué son nom, & la pouuoir
mettre ainsi au rang des Comedies. Pour
le surplus, ie n'ignore pas que ceux
qui n'ont que des yeux, donnent dans
les Machines, comme dans le Paneau:
mais ie pretends que vous nous se-
pariez de ces gens qui n'ont que
des yeux. Ie laisse les Machines à part,
& mesmes les Decorations & les habits,

que ie ne confidere que comme la petite Oye : & ie m'attache au Suiet paf-
fablement bien traitté, & ie dis que c'eft
ce que i'eftime la belle Comedie.

LIDAMON.

C'eft affez bien attaqué.

BELISE.

Ie voy desja des Gens bien camus.

PALAMEDE.

Hé Belife, ne chantez pas encor, la
victoire. Cryfolite va répondre comme
il faut, & ie m'en fie bien à luy.

CRYSOLITE.

Moy, ie n'ay point de raifons dé-
fenfiues, fi l'on veut nier vn Fait dont il
s'agit. Ie dis que l'Ecole des Maris,
l'Ecole des Femmes, & les autres Ouurages d'Elimore, ne font autre chofe
qu'vn Tiffu de ces Moralitez, de ces
Brillans d'efprit, & de ce qui inftruit &
diuertit en mefme-temps : & ie renuoye à ces Ecoles, ceux qui me vou-
dront foutenir qu'Elimore ruïne la belle Comedie.

PALAMEDE.

Ce n'eft pas affez, Cryfolite, il leur

faudroit montrer ce que vous dites, autrement ie defespere qu'ils demeurent
d'accord de voftre propofition : & ie
crains qu'ils ne nous mettent au rang
de ceux qui difent la raifon, c'eft la raifon, quand ils veulent fubftituer leur
caprice en fa place.

CRYSOLITE.

Il y a des chofes fi claires, qu'elles fe
font connoiftre par elles-mefmes ; de
maniere qu'elles n'ont pas befoin que
les raifons viennent à leur fecours : &
lors que le Soleil paroift fur l'horifon, il
fe fait connoiftre à tout le monde, exce-
pté aux Aueugles.

CELANTE.

La comparaifon eft brillante ; mais
nous ne fommes point de ces Aueugles,
Cryfolite : & pourueu que vous nous
puiffiez montrer quelque chofe de ce
que vous auez dit, dans l'Ecole des Femmes, à laquelle ie m'attache particulie-
rement, nous ne vous demanderons
point de preuues : mais vous ne fçau-
riez montrer ce qui ne fe peut trouuer,

&

& vous auriez befoin que nous l'y creuffions par foy.

LIDAMON.

Celante a raifon, & pour vous dire mes fentimens de cette Ecole, ie vous dis franchement qu'elle n'a rien du tout de la belle Comedie, & ie vous le prouue demonftratiuement. L'Amour qui fait tout l'agréement du beau Comique, n'eft-il pas fort bien manié dans cette Piece, où l'on void vn homme qui ne fe propofant en Brutal, que d'auoir pour Femme, vn Corps fans Efprit, fait nourir fon Agnez comme vne Oye, par deux Païfans? Ne luy parle iamais que de filer ou de coudre, la tient enfermée comme vne Efclaue, & prend à tâche d'en faire vne belle Stupide? N'eft-ce pas vn agreable fpectacle d'Amour, que de la luy voir toûjours traitter en Ialous & en Tyran, & mefmes dans la Cataftrophe, la menacer de coups de poing, à la Crochetoralle? N'eft-ce pas auffi vne iolie Moralité, de ne parler iamais que de la difgrace des Maris, en termes qui fôt couleuer

la Pudeur fur les fronts les plus affeu-
rez ? Ne font-ce pas de beaux fentimens que tout ce qu'il dit auec Agnez,
& les deux Païfans, à qui il faut par
neceffité qu'il s'explique naïuement
pour s'en faire entendre : & tout ce que
luy répondent, auffi, ces trois perfonnes, dont la groffiere ignorance ne peut
leur permettre de rien dire de raifon-
nable ? N'eft-ce pas quelque chofe de
bien furprenant que la Scene d'Alin,
& de Georgette, lors que ce brutal
Amant retourne de la campagne ?
& n'eft-ce pas croire que nous aimons bien les fadaifes pour nous en
donner de pareilles ? Ne font-ce pas
de grands Brillants d'efprit, que mille
petits Rebus femez çà & là , entre
lefquels eft l'Equiuoque du *Le* , qui
force le Sexe à perdre contenance, & le
redüit à ne fçauoir qui luy eft le plus
feant de rire, ou de rougir ? Toutes ces
chofes qui font miracle fur le Theatre,
ne paroiffent elles pas bien fur le Papier ? Enfin, n'eft-ce pas vne noble inf-
truction , que celle qu'on y donne ,

pour gaſter l'Image de Dieu, par l'i-
gnorance, & par la ſtupidité ? l'aurois
encor à remarquer que cette Ecole eſt
pleine d'impieté dans les Maximes
qu'on deſtine à l'inſtruction d'Agnez,
& dans le Prone qu'on luy fait ; où
par vne autre faute des plus groſſie-
res, on releue tellement le ſtile & les
conceptions, qu'il n'y a plus rien de
proportionné à la ſimplicité de l'Eco-
liere, à qui on parle en Theologien. Ie
pourrois ajouſter que cette Ecole eſt
non ſeulement contre toutes les regles du Dramatique, mais contre celles
du Comique : le Heros y montrant
preſque touſiours, vn amour qui paſſe
iuſqu'à la fureur, & le porte à demander à Agnez, ſi elle veut qu'il ſe tuë,
ce qui n'eſt propre que dans la Tragedie, à laquelle on reſerue les plaintes, les pleurs, & les gemiſſemens.
Ainſi, au lieu que la Comedie doit finir
par quelque choſe de gay, celle-cy finit
par le deſeſpoir d'vn Amant qui ſe re-
tire auec vn Ouf ! par lequel il taſche
d'exhaler la douleur qui l'étoufe : de

maniere qu'on ne sçait si l'on doit rire
ou pleurer dans vne Piece, où il semble qu'on veüille aussi tost exciter la
pitié que le plaisir. Ie remarque-
rois auec beaucoup de iustice, qu'il
n'y a presque point du tout d'action, qui est le caractere de la Comedie, & qui la discerne d'auec les
Poëmes de recit : & que Zoïle re-
nouuelle la coustume des anciens
Comediens, dont les Representations
ne consistoyent qu'en perspectiues, en
grimaces, & en gestes. Ie passe sous si-
lence, que ce n'est qu'vn mélange des
larcins que l'Autheur a faits de tous
costez, iusqu'à son *Preschez & patroci-
nez iusqu'à la Pentecoste*, qu'il a pris dans
le Rablais ainsi que dans Don-Quixot,
le modele des Preceptes d'Agnez, qui
ne sont qu'vne imitation de ceux que
ce Cheualier errant dóne à son Escuyer,
lors qu'il va prendre le Gouuernement
d'vne Isle : De maniere qu'on ne peut
pas dire que Zoïle soit vne Source vi-
ue, mais seulement vn Bassin qui reçoit
ses eaux d'ailleurs, pour ne point le

traitter plus mal, en le comprenant dans la comparaison que quelques-vns ont faite des Compileurs de Passages, à des Asnes, seulement capables de porter de grands fardeaux. Ie tais encor que son jeu & ses habits ne sont non plus, que des imitations de diuers Comiques: lesquels le laisseroient aussi nud que la Corneille d'Horace, s'ils luy redemandoient chacun, ce qu'il leur a pris. Ie ne veux rien dire des Vers dont la pluspart n'ont gueres plus de cadance ny d'harmonie, que ceux des Airs du Pont-Neuf, n'estant qu'vne Prose rempante mal-rimée en diuers endroits. Mais ie suis trop attaché à l'interest des Dames, pour ne pas soustenir que cette Ecole est vne Satyre effroyablement afilée côtre toutes, qui meriteroit tant soit peu l'epoussette, si l'on estoit moins débonnaire en France: & que les maximes qu'il y presche à son Agnez, sont des leçons horribles qu'il fait à tous les Maris, pour reduire le beau Sexe à la derniere des seruitudes.

CELANTE.

O que Lydamon en iuge bien !

BELISE.

O que son sentiment me plaist !

CRYSOLITE.

Voila vne estrange & crüelle Criti-que que vous faites de l'Ecole des Femmes, puis qu'elle ne luy laisse pas le moindre agréement : vous faites bien voir que vous estes de ces François, qui trouuent à redire à toutes choses : & ie ne sçay si vous n'auriez point la mala-die d'vn que ie cónois, qui censure mes-me les Ouurages de la Nature, & qui soustient qu'elle nous deuoit mettre le gras des iambes au deuant, & non pas derriere . Mais quelques yeux de Lynx que vous ayez sur les Ou-urages, ie m'asseure que si vous vous liez faire vne plus iuste Perspectiue des choses, & les mettre dans vn autre point de veuë, vous n'y trouueriez pas tant de defauts. Est-ce vne obligation de choisir seulement de belles Passions pour la Comedie ; & puis qu'elle n'est que la representation d'vne Action,

ſuffit-il pas que cette Action, telle
qu'elle puiſſe eſtre, y ſoit bien repre-
ſentée ? Elimore s'eſtant donc propoſé
vn caractere d'Amour particulier, tel
qu'il eſt dans l'Ecole des Femmes, qui
dira qu'il n'y ait pas reüiſſi ? Qui ſou-
tiendra qu'il n'ait pas donné tous les
traits neceſſaires au Tableau d'vn homme qui ſe précautionne ſoigneuſement
contre l'Auenture d'Acteon ? I'en dis
autant du perſonnage d'Agnez, & des
deux Païſans. Qui ſe hazardera de ſou-
tenir qu'il n'a pas repreſenté parfaitement vne Fille éleuée dans l'ignorance,
& des Ruſtres, qui manquent du ſens
commun? Ce qui ſe dit en pluſieurs endroits, de la diſgrace des Maris, vous
choque, cette Moralité, dites-vous,
fait ſouleuer la Pudeur ſur les fronts
les plus aſſeurez. Mais c'eſt vn Tableau
au naturel, de ce qui ſe paſſe, & au-
quel il pourroit adiouſter la plus eſtran-
ge complaiſance qu'on puiſſe imaginer
de ces Maris appellez bons. Neſerez-
vous pas ſurpris qu'vn homme en ait
aſſez pour lire à l'inſtance que luy en

fait sa femme, vn Billet doux qui s'a-
dresse à elle, & deuant vn autre de
ses Galands? C'est ce qui se passa n'a-
gueres, chez vne Dame, & que ie n'aurois iamais crû, si ie n'en auois esté le
témoin: mais poursuiuons. Vous mé-
prisez la Scene d'Alin & de Georgette,
l'Equiuoque du *Le*, & les autres agré-
mens que vous nommez de petits Rebus:& vous dites que le succez que ces
Bagatelles ont sur le Theatre, ne paroist point sur le Papier. Ie vous prie
de me faire voir que les plus beaux
Vers ayent le mesme effet sur le papier
que sur la Scene. Celuy-cy : *Ie vis là*
Ptolomée, & n'y vis point de Roy, ce
Vers qui est des plus beaux du grand
Pompée, a-t'il le mesme brillant, lors
qu'on le lit, que lors qu'il sort de la
bouche de l'incomparable Montfleu-
ry? Cet Emistiche, *Helas ! tient-il à*
moy ? qui a produit vn si bel effet sur le
Theatre, dans le faux Tyberinus, sortant de la bouche de la merueilleuse des
Oeillets, a-t'il quelque chose qui en
approche sur le papier ? Ne sçait-on
pas

pas que toutes ces Beautez s'éuanouyſ-
ſent hors du Ieu qui leur donne la vie?
Sans cela il ne ſeroit pas neceſſaire d'aller au Theatre, pour auoir tout le plaiſir de la Comedie; il n'y auroit qu'à
lire les Dramatiques, & les Comediens n'auroient qu'à chercher vn autre
Employ. Ie ſuis eſtonné comment l'on
peut faire des Remarques ſi peu ſoli-
des, & qu'il y ait des Gens qui ſe ſoyent
donnez la peine de les faire éclater
meſme ſur la Scene: & ie leur demanderois volontiers, ſi ce qu'ils ont fait
ſur ce ſuiet, aura vn grand Relief ſur
le papier? Ie leur demanderois pareillement, ſi ce qu'ils appellent le Portrait
du Peintre, eſt vn Tableau fort reſſemblant? & ſi vn tas de Morbleu, & quelques autres mots n'etabliſſent pas bien
la reſſemblance? Mais laiſſez faire, Elimore aiuſtera ces faiſeurs de Portraits
du Peintre, & ils ne manquera point du
tout de couleurs pour les repreſenter
auec vn peu plus de rapport, & faire
l'vn des beaux morceaux de Peinture
qui ſe ſoyét iamais veus. Il a ſur ce ſuiet,

K

des imaginations que ie n'ay pû appren-
dre, sans en creuer de rire par auance:
& quand vous seriez vn Caton, vous
ne pourriez pas non plus vous en em-
pescher. Mais il y a d'autres Objec-
tions, dont l'vne touche l'Equiuoque du *Le* ....

CELANTE.

Passez sur celle-là, nous vous dis-
pensons d'y repliquer.

CRYSOLITE.

Ie viens, donc, à celles qu'on fait
sur l'instruction de cette Ecole, qui
n'a pour but, dit-on, que d'abrutir vne
Femme, & de gaster l'image de Dieu,
par l ignorance. Vous auez aussi mal fait
vostre obseruation sur cet ēdroit, qu'en
tous les autres; car vous auriez reconnu qu'on veut seulement qu'elle ignore les Maximes pernicieuses du monde,
qui corrompent la meilleure bonté de
mœurs, & qu'en mesme-temps, on luy
enseigne celles que doit obseruer vne
Femme sage & vertüeuse. Mais ces
Maximes là sont impies, ainsi que le
Prone que l'on fait à Agnez. Qui s'a-

uſa iamais de dire que des Enſeigne-
mens que l'on donne, & des Exhorta-
tions que l'on fait à quelqu'vn, tou-
chant le mal qu'il doit euiter, & le
bien qu'il doit faire, fuſſent impies?
Pour moy, ie ne ferois point difficulté
d'enuoyer ma Femme à vn pareil Sermon, & de le luy mettre entre les
mains pour s'inſtrüire : & ie ne voudrois pas luy choiſir rien de meilleur
pour ſa direction, eſtant aſſuré que
pourueu qu'elle s'imprimaſt bien dans
l'eſprit, ces Maximes, elle viuroit en
honneſte Femme, & non en Coquette.

CELANTE & BELISE *ſe re-*
gardans, diſent à part,

O Dieux qu'entendons-nous !

CRYSOLITE *continuë.*

On aiouſte que l'on prend auſſi vn ton
ſi haut dans ces Maximes, & dans ce
Sermon, qu'Agnez n'y ſçauroit rien
comprendre : mais c'eſt donc vne faute
de laquelle il faut accuſer tous les Pre-
dicateurs de Village, qui traitent les
plus hauts points de Theologie deuant
les Païſans. Paſſons outre, cette Ecole

est contre les Regles du Theatre, &
choque entierement celles du Comique. Vous me faites rire auec vos Regles : & si ie voulois parcourir tous
nos Dramatiques , ie vous en ferois
bien voir de plus défectüeux ; mais que
ie n'estime pas moins pour cela. Ie voudrois bien sçauoir à quoy seruent des
regles qui ne sont connuës que de
ceux qui ont leu Aristote en , & qui
ne contribuënt point au plaisir que
tout vn Peuple attend de la Comedie:
puis qu'on void que toutes les Pieces
les plus regulieres, sont celles qui en
prodüisent bien souuent le moins.
Aussi ay-ie à vous dire que nostre Aristote a pû se tromper dans ses Obseruc-
tions : & qu'on peut estre aussi hardy
qu'vn Autheur Espagnol qui s'en est
moqué. Il y a des fautes monstrüeuses,
qu'il faut éuiter, comme celles qu'il a
remarquées dans les Poëtes Grecs, &
& qui sont passées iusques à nos premiers Dramatiques François : mais hors
cela, il y a quantité de choses que l'on
peut decliner, ou adiouster, selon qu'elles

elles sôt plus ou moins capables de pro-
duire vn bon succez: Ce qui s'appelle
raffiner les Arts, où l on ne doit pas
tousiours estre esclaue des Regles de
ceux quiles ont inuétées. Ie ne m'attache donc point à la iustification d'Elimore, sur ces contrauentions aux Regles, si ce n'est à l'égard de celles du
genre Comique. Il ne porte point l'A-
mour iusques à la fureur, & ne fait
point finir sa Piece de la mesme façon
qu'vne Tragedie. L'Amant y témoigne
seulemét vne gráde passió pour Agnez:
& quand il luy demande si elle veut
qu'il se tuë, on void bien qu'il n'a pas
dessein de se tüer, mais de luy faire voir
combien il a de tendresse pour elle: &
l'Autheur fait dans cette Scene, vn portrait admirable de ce qui se passe tous
les iours. Pour le Ouf, qui fait la Cataftrophe, peut-on dire qu'il soit contre
le Caractere de la Comedie, & que les
regles en soyent seueres, iusqu'à en
exclurre vn soupir? Que diriez vous,
donc, de l'Amphitrüon de Plaute,
ou Menechme paroist veritablement

L

furieux ? & d'vne autre de ſes Comedies , où Aleſimachus ſe met tout de
bon en deuoir de ſe tüer ? Ie ne dois pas
oublier que vous auez auancé, que l'E-
cole des Femmes eſt toute ſans Action,
& de vous répondre que ie ne ſçay pas
où vous en voulez trouuer d'auantage?
toutes les agitations d'eſprit en Arnolphe, & tant de precautions, dont il s'a-
uiſe pour detourner les coups de laDeſ-
tinée, n'eſtans autre choſe que des
Actions & des Mouuemens. Venons à
ce que vous dites des larcins qui ſe re-
marquent dans l'Ecole des Femmes, &
des vers, que vous rauallez ſi fort.
C'eſt bien montrer qu'on ſe plaiſt à
critiquer, ſoit qu'il y ait raiſon, ou non.
Dans quels Poëmes meſmes des plus
beaux, ne vous feray-je point voir
quantité de tres-mechans vers, & vn
nombre infiny de larcins, ſi la pluſpart
ne ſont que des Imitations, & des Tra-
ductions ? Et quant à ce Vers, *Preſcher
patrociner , iuſqu'à la Pentecoſte ,*
vous ſçauez bien que c'eſt vne Réponſe
de Panurge à Pantagrüel, qu'il a miſe

exprez dans la bouche d'Arnolphe, à
cause qu'elle, venoit à propos. C'est, dites vous aussi vne Satyre contre le Sexe,
Ce peut estre vne Satyre, mais elle
ne tombe point sur le Particulier, c'est
à dire qu'elle ne designe qui que ce soit:
& que c'est comme vne Glace exposée,
où chacun reconoist lui seul ce qu'il est,
sans qu'il soit connu de personne. Vous
auriez, donc, eu beau suiet de vous
plaindre de l'ancienne Comedie, où
l'on ne se contentoit pas de désigner les
Personnes par leurs actions: les Comediens se seruans encor d'habits semblables aux leurs, pour les mieux faire remarquer. Enfin, vous vous souleuez côtre les Maximes prescrites à Agnez, pour
ce que ce sont, dites-vous, des leçons
qu'Elimore fait à tous les Maris, afin
qu'ils reduisent leurs Femmes à la derniere des seruitudes. Il y a bien de
l'apparence, que les Maris aillent ap-
prendre sur le Theatre, à gouuerner
leurs Femmes, ny que celles-cy souf-
frant qu'on les gouuerne en Agnez.
Critique, donc, deraisonnable! Criti-

L ij

que , donc , iniuſte ! Critique, donc,
à me faire rire; & à laquelle i'ay eu tort
de m'arreſter. Ie n'auois qu'à vous
renuoyer à celle que l'Autheur a luy-
meſme faite de ſa Piece , qui pouuoit
ſeruir de verte replique , ou bien à
l'approbation que tout Paris luy donne
depuis ſix mois : Hommes & Femmes
ne ſe pouuans laſſer d'aller à cette Spi-
ritüelle Ecole , & les dernieres que
vous y croyez ſi outragées , quoy que
ie n'aye encor appris leurs plaintes que
par voſtre bouche , en ayans meſme
l'Imprimé entre les mains pour le lire
dans le temps qu'elles l'écoutent, ſans
doute , afin de s'en rendre le plaiſir plus
ſenſible, & peut-eſtre, pour s'en mieux
imprimer dans l'eſprit , les vtiles Leçons.

PALAMEDE.

Voila répondre , ma foy, cela s'appelle répondre, & repouſſer comme
il faut ſur la Contreſcarpe: Et ie nepen-
ſe pas que vous ayez apres cela le mot
à dire , ny pour rire , ny que vous nous
puiſſiez diſputer la victoire que vous

vous estiez promise.

CELANTE

Vous l'auriez pour vous, à trop bon
marché Palamede, elle ne vous cou-
teroit que la peine d'auoir bien écouté
Crysolite: qui, certainement, la meriteroit mieux, si elle estoit duë à vn grand
discours, plutost qu'aux bonnes rai-
sons. Mais je pense que luy-mesme ne
pretend rien à la victoire; & la plaisante conclusion de son Plaidoyé nous témoigne qu'il a luy-mesme dessein de le
tourner en Ridicule, auec l'Ouurage
qu'il a fait semblant de défendre.

BELISE.

En effet, il est plaisant de dire qu'il
nous deuoit renuoyer à la Critique,
que l'Autheur a faite de sa Piece, que
chacun appelle son Apologie. En-
quoy il s'est lourdement trompé: car
les Iudicieux disent que le fin du Ieu
estoit qu'il ne s'épargnast point dans
cette Critique: qu'il y remarquast iusqu'aux moindres fautes, auec la derniere seuerité: & qu'il fist voir ainsi
qu'il n'auoit pas peché par ignorance,

L.

mais expressement, & dans la veuë que
son Poeme plairoit beaucoup plus auec
ces defectuositez, que s'il eust esté selon toutes les Regles. De cette façon,
il auroit pû se loüer à la fin de sa Critique, d'auoir reüssi comme il se l'estoit
proposé, & fermer la bouche à tous
ceux à qui son ignorance apparente la
fait ouurir, pour luy monstrer ce qu'il
n'a pas remarqué.

CELANTE.

Ie vous prie, examinons-là vn peu,
la Critique, & vous verrez qu'il s'y
est seulement chatoüillé pour se faire
rire. C'est la plus plaisante chose du
monde; la Glace s'est trouuée si vnie,
que la Mouche de la Critique n'y a pû
trouuer que sept ou huict endroits ra-
boteux où elle ait pû s'attacher ; à sçauoir les Enfans par l'oreille, la *Tarte
à la Cresme*, le *Potage*, le *Le*, le *Sobri-
quet d'animaux donné aux femmes*, la
*Scene du Valet & de la Seruante au
dedans du Logis*, l'*Argent donné à
Horace par Alphonse*, le *Sermon*, &
les *Maximes*, & la *Maniere* en laquelle le

mesme Arnolphe explique son Amour
à Agnez dans le cinquiéme Acte.

LIDAMON.

Dites plus, Celante, que s'il a fait
attaquer assez negligemment ces endroits, il les a aussi fort bien fait defen-
dre : de maniere qu'on peut dire qu'il
n'y est demeuré d'accord d'aucune er-
reur, & qu'il faut confesser auec tout le
Monde, que c'est vne veritable Apologie.

BELISE.

Mais Apologie de la nature de sa Comedie des Precieuses Ridicules, & de ses
deux Ecoles : car il y continuë ses Satyres, principalement contre les Courtisans, & contre ceux qui condamnent
cette derniere Piece de l'Ecole des Femmes. Comme nous l'auons remarqué
dés le commencement de nostre Conuersation, il y ressuscite le Iargon Pre-
cieux qu'il met en la bouche de tous ses
Personnage ; & auec ces sept ou huict
méchantes Remarques sur son Ecole,
qu'il a fait tourner à son auantage, il
vous a encor composé vne Comedie à

peu de frais, ou plutoſt vne Farce de
plaiſanteries, qui ne ſont pas ſup-
portables, dont il a, neantmoins,
tiré le meſme profit, tant il eſt heureux,
& tant nous ſommes Fols, que de la
meilleure Piece du monde. Mais le
Portrait du Peintre, que Cryſolite trouue ſi peu reſſemblant, nous apprend
bien mieux les béveuës de ſon Ecole
des Femmes, que ſa Critique ; & chacun a trouué cette Peinture ſi iuſte qu'il
eſt demeuré d'accord que ſon Autheur
auoit vn Pinceau & des Couleurs à
repreſenter parfaitement bien les choſes. Zoïle a eſté luy-meſme témoin,
non pas ſans quelque chagrin, des ap-
plaudiſſemens vniuerſels qu'on a donnez à ce ſpiritüel Tableau : & ie croy
qu'à preſent, il a bien changé le deſſein
qu'il pouuoit auoir de riſpoſter, & qu'il
s'en tiendra à cette premiere bernerie,
pour en éuiter vne autre plus faſ-
cheuſe. Reuenons à Cryſolite, qui nous
renuoye encor à l'approbation que
tout Paris donne à Elimore. Ne ſçait-
on pas que le nombre des Ignorans eſt
infiny;

infini; & d'ailleurs que le Vulgaire reçoit les sottises qu'on luy presente, plutost que les bonnes choses ; mais que
c'est moins sa faute, qu'à ceux qui l'y
accoutument.   Nous pouuons sur
ce sujet, pour nous égayer, renuoyer
Zoïle au Colloque du Sage Don Qu-
xot de la Manche , auec vn Chanoine,
où celuy cy remarquoit qu'il estoit bien
vray que la pluspart des Comedies d'a-
lors, quoy que composées de fadaises,
plaisoyét au Peuple ; mais que les Autheurs s'excusoyét mal à propos de les
composer de cette sorte , sur ce que les
plus regulieres n'en contentoyent que
trois ou quatre qui entendoient l'Art,
& qu'il valoit mieux gagner du pain
auec la multitude , qu'acquerir l'ap-
plaudissement de peu de personnes,
dautant qu'il leur opposoit qu'on auoit
representé en Espagne trois Poëmes,
selon les Regles qui auoyent également
contenté les Sçauants & les Idiots , &
fait gagner plus d'argent aux Comediens, que trente des meilleurs qui eussent en suite paru : d'où il concluoit ce

que i'ay dit, que si le Vulgaire se plaisoit aux sottises, il en falloit blasmer les Autheurs qui les leur donnoyér. Aussi le Sage Don Quixot, ou l'Autheur qui le fait parler, ajoustoit iudicieusement que c'estoit vn mauuais Faux-fuyant d'alleguer pour l'excuse des Poëmes irreguliers, que l'intention des Repu-bliques estant d'amuser le Peuple par la Comedie, & de le destourner des vices où l'oysiueté le pourroit entrais-ner, il n'importoit pas qu'elle fust selon les Maximes des Sçauants, pource, di-foit ce Sage fol, que l'on paruiendroit encor mieux au but des Republiques, par de bonnes Comedies, que par de mauuaises. Ainsi, il blasmoit beaucoup les Autheurs de ces dernieres, & mes-mes les Comediés qui les engageoyér à les composer de cette façon, pour ce qu'autrement ils ne les auroyent pas achetées : ce qui estoit cause qu'vn bel Esprit de son temps, auoit mis au Iour, diuers Ouurages imparfaits. Il con-cluoit aussi, qu'on deuoit choisir à la Cour, des Hommes intelligens, pour

examiner tous les Dramatiques, auant
qu'ils paruſſent en Public: & c'eſt peut-
eſtre ſur l'auis de cét Oracle, que noſtre
Abbé D . . . . . s'eſtoit offert de prendre
la Sur-Intendance de nos Theatres,
mais qu'il auroit fort mal meritée, comme il nous l'a montré par ſa peu iudi-
cieuſe Critique des beaux Ouurages du
Grand Ariſte. Cryſolite adiouſte mali-
cieuſement, que les Femmes témoi-
gnent eſtre fort contentes des Leçons
qu'on leur y donne, ſur vne ſuppoſi-
tion qu'il fait, qu'elles ne ſe ſont point
encor plaintes, & qu'elles liſent cette maudite Ecole, en meſme-temps
qu'elle ſe iouë, pour en auoir vn double plaiſir. Ignore t'il que parmy ces
Femmes, il y en a aſſeurement grand
nombre d'Innocentes qui ont raiſon de
n'éclater pas en vne choſe qui ne les re-
garde point : que celles-là par vne petite malice de la Nature, prennent au
contraire plaiſir de voir râiller les autres : & que celles-cy meditans dans
leur cœur, des projets de vengeance,
font par diſcretion auſſi bonne mine,

que ces Innocentes, pour l'aduantage
qu'elles trouuent à se confondre auec
elles? Par cette raison, les Courtisans
qui se voyent dépeints dans ses Satyres, n'en disent mot, ou mesmes en
rient, pour ne pas faire paroistre qu'ils
croyent que ce soit leur Tableau : & les
autres qui n'y ont point de part, y trou-
uans le plaisir de voir dauber leurs
Compagnons, en rient le plus qu'il
leur est possible : & voila mesme, comment l'Ecole des Femmes est en apparence vniuersellement approuuée, quoy
qu'en effet, elle ne le soit peut-estre de
personne.

LIDAMON.

Non, non, Belise, nous nous trom-
pons tous, la Critique que Zoïle a faite de sa Piece, & l'Approbation de
tout Paris, nous doiuent convaincre:
i'adiouste que nous allons voir tout le
Sexe reformé par l'Ecole des Femmes.
Ouy, i'entre dans les Sentimens de
Crysolite, il a penetré le Secret. Les
Femmes ne lisent & n'écoutent si attentiuement l'Instruction de cette Ecole,

le, que pour en profiter. O que les
Hommes doiuent sçauoir bon gré à
Zoïle, de ces Leçons qui produiront la
Reformation de leurs Femmes. O que
Zoïle a merité de loüange de sa Patrie,
& plus encor que vous ne pensez : car
il a augmenté les diuertissemens de Paris, par cette Troupe de Comediens,
dont il est le Chef, qui est la meilleure
du Monde, & donné en mesme-temps,
ce bel Ouurage de l'Ecole des Femmes,
& l'autre Moitié de luy-mesme au Public, qui sont des bienfaits qui ne peuuent jamais se reconnoistre.

CRYSOLITE.

Vous raillerez tant qu'il vous plaira,
mais au fonds, Elimore est vn admirable Esprit.

PALAMEDE.

Vn admirable esprit, oüy, oüy,
sans doute : & vous auez oublié quantité de belles choses qui eussent encor
releué sa loüange. Vous deuiez remarquer que l'on l'appelle par tout vn
Gaste-mestier, à cause que tous les autres de sa Profession, ne font plus rien

N

depuis qu'il s'est aduisé de representer
les Actions humaines.

LIDAMON.

On ne peut nier qu'il ne soit vn admirable esprit , & qu'il ne soit aussi plus
heureux que sage. Iusques-icy , la Satyre n'auoit rien valu que du bois : &
ilatrouué le Secret d'en faire la Pierre
Philosophale , & d'en tirer de bon argent. Il a trouué le secret de rendre
agreable en public, ce qui ne se pouuoit souffrir en particulier : & chacun
rit, ou fait semblant de rire de se voir
joüer par luy , sur le Theatre.

CELANTE.

Il est vray que cela ne sçauroit estre
assez admiré , & qu'il faut auoüer qu'il
a esprit & bonheur.

CRYSOLITE.

Auez vous veu le Remerciment qu'il
a fait sur sa Pension de bel Esprit ? rien
n'a esté trouué si galand , ny si ioly.
C'est vn Portrait de la Cour , trait pour
trait : On y void la Cour , comme si
l'on y estoit , les habits, la façon d'a-
gir des Courtisans , enfin tout vous y

paroift, iufques au ton de voix.

BELISE.

Ha , ha , ha, l'excellent Peintre , il tire l'Echelle apres luy.

CELANTE.

Certainement, il faut eftre bon Peintre, pour reprefenter auffi la voix.

PALAMEDE.

l'ay veu ce Remerciement , en verité , il eft tout brillant d'efprit : & ç'a efté le plus beau de tous ceux qui fe font faits, dont la plufpart ne valent pas grand' chofe. Quelques-vns de ces Rendeurs de graces fe font guindez fur des fentimens fi fublimes , qu'ils ont efté ie ne fçay combien de coudées plus haut que la Montagne à double Croupe , fi bien qu'on les a perdus de veuë. D'autres fe font tellement abaiffez, qu'il faut croire, pour ne les pas traitter plus mal , qu'ils ont crû remercier ainfi le Roy auec plus d'humilité. D'autres , enfin, fe font tellement embarraffez dans leurs vaftes imaginations, qu'ils en ont fait vn labyrinthe , d'où ils n'ont pû fortir.

BELISE.

Ie trouue qu'il n'y a que ceux qui ont fait quelque chose pour demander qui ayent reüssi : & rien n'est à mon goust si ioly, que le Caprice de Somposie.

LIDAMON.

Nous ne sommes pas icy, pour blasmer, ou loüer ce qu'ont fait les autres Poëtes, mais seulement pour rendre iustice à Zoïle. Pour reuenir à son Remerciment, il est vray qu'on en a la derniere estime à la Cour : & ie croy que c'est à cause qu'il tient beaucoup du Tableau qu'il a fait de la Mode, & des Actions des Courtisans, tant dans ses Precieuses, que dans son Ecole des Maris, & dans sa Critique de celle des Femmes ; car c'est vn Salmigondi de toutes ces Pieces. Estant allé au Louure, quelques iours apres, ie fus tout surpris de n'y entendre parler que d'vne Piece qui estoit le miracle de la Poësie, l'estonnement des beaux Esprits du Siecle, & qui estoit tellement au dessus des forces, & de l'adresse du Genie de tous les autres, qu'il faudroit du

moins trois cens ans à la Nature, qui
eſt la mere des Poëtes, pour en prodüi-
re encor vn qui fuſt capable d'vn pareil Chef d'œuure. L'vn me venoit tirer
pas le manteau, l'autre par le bras droit,
l'autre par le gauche; l'vn par derriere,
& l'autre pardeuant, pour me demander ſi i'auois veu la plus belle Piece qui
ſe fuſt veuë, le Remerciment d'Elimore? De maniere que ie ne me veis iamais plus empeſché, & que i'euſſe
voulu de bon cœur, qu'on ne m'euſt
pas alors connu pour me meſler tant
ſoit peu de Vers & de Proſe, me voyant
par là, au hazard de ne m'en pas re-
tourner auec mon habit entier.

PALAMEDE.

C'eſt ce qui me deplaiſt de ſes Ouurages, qu'ils font ainſi chifonner & dela-
brer les habits; car on ne ſçauroit encor
aller à ſon Ecole & à ſa Critique, qu'on
ne trouue au retour, beaucoup de choſes à dire à ſa propreté, ou au compte
de ſes rubans, & meſme que l'on n'ait
quelque morceau moins, de ſon étofe.

CELANTE.

O vous auez tiré cela de sa Critique, où il l'a remarqué par vne vanité insuportable, pour faire voir auec quelle ardeur on court à ses Pieces, & pour railler aussi les fols qui vont à la presse.

BELISE.

Hé! laissez poursuiure Lidamon.

LIDAMON.

Il fallut voir cette belle Piece, en admirer chaque vers, chaque terme, chaque virgule, chaque point, tant tout en paroissoit mysterieux ; & enfin, me sentir étourdir les Oreilles par vn, *O voila qui est beau! qui est admirable! qui est incomparable!* qui sortoit des bouches d'vne Tourbe d'habiles-gens qui m'enuironnoient. Mais vous sçauez que les plus éclairez des Esprits, des Gens qui sont les Soleils du Monde Lettré, ont decidé que ce Remerciment estoit vne tres-belle Piece, & c'est tout dire.

CELANTE.

Si c'est tout dire, car aussi bien, nous

auons esté assez sur vne mesme matiere,
il faut voir ce que nous auons à faire
pour acheuer la iournée.

A part à BELISE.

Mais ie sçay que vous desirez aussi
parler contre nostre Ennemy.

BELISE.

Tout beau, ie me suis reserué vne
attaque.

PALAMEDE.

O la mauuaise! c'est elle qui vous a
ramenez sur la friperie du pauure Elimore, lors que vous n'y pensiez plus.
Il faut auoüer qu'elle luy en veut terri-
blement: Hé bien! qu'elle nons fasse
voir ce qu'elle a sur le cœur.

CELANTE.

Viste, Belise, ie meurs d'impatience
de sçauoir ce qui vous touche.

BELISE.

C'est l'interest commun du Sexe:
Pouuons-nous souffrir qu'il insulte la
Mode & le Luxe, comme il fait dans
son Ecole des Maris? S'il en estoit crû,
les Hommes se rengaineroient dans
leurs Etüys du bon temps: ils répren-

droient les grands Pourpoints & les
Gregues eſtroites qui ſe lioyent ſur le
genoüil : ils reſtabliroient la Rotonde,
& le petit Collet, pour repreſenter les
vieux Siecles : ils paroiſtroient dans vne
ſterilité vniuerſelle d'ajuſtemens : &
perdroient ainſi tout cét air galand qui
nous les rend ſuportables.

CELANTE.

L'enjoüée ! ie ne m'attendois pas à
cette caſcade : & ie croy, Meſſieurs,
que vous ne vous y attendiez pas non
plus.

PALAMEDE.

Elle nous donne noſtre fait en paſ-
ſant.

LIDAMON.

Elle nous aduertit que nous ne plai-
rions guere à ſon Sexe, ſans la Mode,
& que nous luy ſommes ainſi obligez
de la bonté qu'elles ont de nous ſouffrir.

CELANTE.

Vous luy pouuez dire que la choſe
ſeroit reciproque.

BELISE.

Ie ne pretens pas nous exempter du Ridicule où nous tomberions aussi , par la cheute de la Mode: & ie n'estime pas que la Nature fust assez puissante , pour nous faire valoir toute seule , ce que nous valons auec la Mode. Il n'en faut point faire la petite bouche , la Mode nous communique beaucoup de graces que l'autre ne nous donne point : & plusieurs de nos Compagnes enleuent bien des cœurs par les ajustemens, qui demeureroient eternellement en leur place , s'il n'y auoit que les seuls agréemens de la Nature. Mais il faut encor que cette Mode soit soustenuë par le Luxe : il ne luy est pas moins auantageux , qu'elle nous est aua ntageuse : & pour dire le vray, elle en tire la plus grande partie de l'éclat qu'elle nous preste , & tout contribuë à embellir les deux Sexes. C'est neant-moins , ce beau & cét aimable Luxe qu'Elimore attaque encor dans son Ecole des Maris : & il ne tiendra pas à luy , qu'ils ne nous dépoüillent de

O

tous nos charmes, en nous retranchant
les Points de Venise, les riches Etofes,
& cette prodigieuse, mais agreable
quantité de rubans, qui font vn si bel
effet : qu'en dites-vous ?

CELANTE.

Ie dis pour rire à mon tour, aussi bien
que vous .....

BELISE.

I'ay parlé serieusement.

CELANTE.

Hé bien, donc, pour parler à mon
tour, aussi serieusement que vous, ie
dis que ce retranchement de Mode &
de Luxe, auroit d'étranges suites. Les
hommes & les Femmes deuiendroient
d'éfroyables creatures : il faudroit
prendre congé les vns des autres, &
faire bande separée : il faudroit dire
Adieu aux Bals, & aux Assemblées, où
il n'y auroit plus rien d'éclatant que les
Lustres & les Flambeaux : il faudroit
faire banqueroute au Cours, où l'on ne
verroit plus que des Grotesques & des
Epouuantails de Cheneuieres : & il faudroit enfin, se cacher à soy-mesme, &

casser toutes nos Glaces de Venise,
qui ne pourroient plus nous monstrer
que des Reformez, & des Reformées;
c'est à dire des obiets fort maussades &
fort ridicules.

LIDAMON.

Voila le meilleur de tout, par ma foy:
& Belise & Celante sont admirables.

PALAMEDE.

Leurs Reflexions sont les plus en-
joüées & les plus spiritüelles qu'on
puisse imaginer.

CRYSOLITE.

C'est soûtenir la Conuersation d'vn bel
air: mais tousiours aux dépens d'Elimore. Ie veux le reconcilier auec le Sexe, &
qu'il fasse pour cela, vne Piece dont ie
luy dóneray le dessein. I'imagine desia,
d'assez belles choses, sur ce sujet : &
le Titre sera, Le Triomphe du Beau
Sexe ; que vous ensemble?

BELIZE.

Ce Titre est bien flateur : & vous
obligerez tout à fait le beau Sexe.

Un Laquais à Lidamon.
Lysandre demande s'il peut vous voir?

LIDAMON.

Di-luy qu'il le peut, & qu'il n'y a personne icy qui ne soit bien aise de le voir, *A la Compagnie.* C'est vn ieune Gentil-homme de bonne naissance, qui a de l'esprit infiniment, & qui possede de quoy charmer les Dames, car il n'y a guere de femme plus belle, ny mieux faite que luy.

PALAMEDE.

Il est Anglois, mais il parle mieux François que nous : & n'a pas moins l'air de cette Cour, que s'il y auoit esté nourry.

CELANTE.

Belise, c'est de luy que l'on nous parloit si auantageusement chez Olympe.

CRYSOLITE.

Ie ne l'ay point veu ; mais il me fait ressouuenir d'vne auanture qui m'est fraischement arriuée en Angleterre.

SCENE.

SCENE SIXIESME.

LIDAMON, PALAMEDE, CRYSOLITE, LYSANDRE, CELANTE, BELISE.

LIDAMON.

LE voicy. Lyſandre, vous eſtes le tres-bien venu : C'eſt vne parole que ie puis vous porter au nom de tou-te la Compagnie. Ces Belles, & ce Caualier ont ouy parler de vous en aſſez bons termes , & ils pourront à preſent, reconnoiſtre qu'on ne vous a point-flaté.

LYSANDRE.

Ces belles Dames, ſans doute, & le reſte de la Compagnie , ſçauent que Lidamon eſt le plus ciuil & le plus obli-geant qui ſoit à la Cour Françoiſe:

P

& prendront ainſi, pour vn effet de ſa
ciuilité, tout le bien qu'il leur a pû dire
d'vn Eſtranger.

CELANTE.

Ce que nous voyons, & ce que nous
entendons, nous conuainc que Lida-
món n'a rien dit qu'il ne le doiue à la
verité: & que pour vous rendre iuſtice,
nous deuons encherir ſur les bons ſentimens qu'il nous a faits conceuoir d'vn
Eſtranger qui peut éfacer le Gentil-
homme le plus accomply de noſtre
Cour.

LYSANDRE.

Il me faudroit autant d'eſprit qu'en a
la charmante Perſonne qui me louë ſi
obligeamment: & de plus, eſtre auſſi
bien inſtrüit qu'elle, en vne langue qui
m'eſt eſtrangére, pour la remercier d'aſſez bonne grace: & comme cela me manque, elle m'épargnera, s'il luy plaiſt, vn
mauuais compliment, & me permettra
de demander à cette illuſtre Compagnie, quel eſtoit le ſuiet de ſon entretien, s'il ſe peut communiquer?

LIDAMON.

Il vous peut bien eſtre communiqué; car c'eſt vn ſuiet public : c'eſt l'Ecole des Femmes, ſur laquelle rouloit noſtre conuerſation. Ie ne doute point que depuis que vous eſtes icy, vous n'ayez eu la curioſité d'y aller, & que vous ne ſçachiez ce que c'eſt.

LYSANDRE.

I'auois cette curioſité, meſme en Angleterre : & quand ie n'euſſe point eu de ſuiet de venir à Paris, ie croy que i'y ſerois venu exprez, pour voir ioüer l'Ecole des Femmes, tant elle faiſoit de bruit en noſtre païs.

CRYSOLITE.

Cette Piece fait du bruit par tout le Monde, & c'eſt encor vne preuue de ſa bonté : Dites-nous Lyſandre, en quelle opinion elle eſt en Angleterre.

LYSANDRE.

Deux choſes empeſchent qu'elle y ſoit au gouſt d'vn chacun : l'vne que c'eſt vne aſſez languiſſante Comedie, & que comme vous le ſçauez, il y a long-

temps qu'on n'aime chez nous, que la
pure Tragedie : l'autre , que le Maî-
tre de cette Ecole, est vn Maiſtre bou-
ru , qui veut former les Maris tout à
rebours de ce qu'ils ſont en Angleterre:
dequoy nos Dames ne ſont nullement
contantes.

LIDAMON.

Vous auez raiſon , les Maris y ſont
tout à fait bons , ie le ſçay par expe-
rience : I'en ay veu icy quelques vns
qui m'ont ſurpris par cette bonté. Loin
d'eſtre ialous de leurs Femmes , ils ai-
ment tous ceux qui les courtiſent : &
l'on ne ſçauroit leur faire plus grand
bien que d'en conter à leurs cheres
Moitiez. Ils ſont tellement ſenſibles à
leur plaiſir, qu'ils luy ſacrifiroyent iuſques à leur honneur : & pareillement
ſi ſenſibles à leurs maux , que l'on m'a
dit qu'vne Femme accouchant ſi loin
de ſon Mary, que vous puiſſiez imaginer , il ſent comme elle, toutes les
douleurs de l'accouchement, ſe met au
lit, & fait toutes les ceremonies d'vne
Accouchée.

PALAMEDE.

Voila vne sympathie delaquelle ie n'a-
vo i tmais ouy parler. Ces bons Hommes sont, donc, semblables à ceux que
l'on tourmente par des figures d'en-
chantement , dont ils ressentent tous
les contre-coups.

LYSANDRE.

C'est vn conte qu'on vous a fait , ou
que vous faites vous mesmes pour rire,
Lidamon : mais il est certain qu'il n'y a
point d'hommes en toute la Terre,
plus complaisans à leurs Femmes, ny
qui compatissent dauantage à leurs
moindres incommoditez.

CELANTE.

O les honnestes Gens ! il seroit à sou-
haiter qu'vn Anglois fist à son tour,
l'Ecole des Maris „pour l'opposer à
celle de Zoile : toutes les Maximes
en pourroyent estre fauorables aux
Dames Françoises.

BELISE.

Rieuse perpetüelle, cela ne leur est
aucunement necessaire, les Dames Françoises ne sont point à plaindre : & puis

qu'il faut que ie le die, elles ont autant
de liberté que les Femmes en puiſſent
auoir ailleurs. Il vaudroit mieux faire
vne pareille Ecole en faueur des Eſpa-
gnoles, & des Italiennes, dont les Maris
ſont tellement en défiance, qu'ils les
tiennent perpetüellement enfermées.

CELANTE.

Oüy, mais vous ne ſçauez pas ce que
ces maudites Ecoles de Zoile pourront operer ſur l'eſprit des noſtres. Les
choſes que vous en diſiez tantoſt en
riant, pourroyent bien quelque iour,
eſtre effectiues : & nous ſçauons qu'il
y a déja des hommes qui ſe preualent
des fauſſes inſtructions qu'on leur a
données, qui ont changé leur belle hu-
meur en celle des Amans brutaux des
deux Ecoles de Zoile , & qui com-
mencent de reſſerrer leurs Femmes, de
leur retrancher les ajuſtemens, & de
leur oſter meſme le papier, & les Ta-
blettes ſur quoy elles écriuoyent la
dépenſe de leur Maiſon, de crainte
que ſous ce pretexte, elles écriuent à
quelques Galands.

CRYSOLITE.

Cela est de l'inuention de Celante.

PALAMEDE.

Elle n'oublie rien pour aigrir les Eſprits contre ce pauure Faiſeur de Portraits.

CELANTE

Non, non, ce que ie vous dis eſt vne Hiſtoire, & non vn honte. Ie ſçay deux Femmes, & deux des plus Femmes de bien qui ſoyent en Francé, qui faiſoyent de leurs Maris ce qu'elles vouloyent, & qui en ſont à preſent, traitées auec la rigueur que ie vous ay dite.

LIDAMON.

L'accidant eſt faſcheux, & tire à conſequence. Il ne faut qu'vn exemple ou deux cóme celuy la, pour allumer la Guerre ciuile dans toutes les petites Republiques des Ménages : & tout de bon, l'Autheur de ces Seditions particulieres, n'eſt pas moins coupable que ceux qui ſouleuent les Villes & les Prouinces. Mais détournons ces Idées fâcheuſes pour les vns & pour les au-

tres, car les Maris ne se trouueroyent
pas mieux que les Femmes dans ces
guerres intestines : & reconnoissans à
la fin, le tort que le Poëte Satyrique leur
auroit fait, seroient gens à le payer les
premiers de sa béveuë, si les Courtisans
qu'il a offensez, ne les preuiennent, &
ne luy font sentir ce qu'il a plus fine-
ment qu'honorablement fait courir le
bruit, qu'on luy vouloit donner, afin
d'exciter d'auantage la curiosité : insi-
nüant par là, dans les Esprits, qu'il falloit que sa Piece fust vne Satyre furieu-
sement aiguë, ce que l'on cherit le
plus, & apres quoy, l'on court auec
bien plus d'empressement.

PALAMEDE.

S'il arriuoit qu'il fut ainsi bourré,
ce seroit là Crysolite, le vray suiet de
la Piece que vous meditiez tantost, &
qui meriteroit bien aussi pour Titre, le
Triomphe du Beau Sexe ; mais ie croy
que vous auriez quelque peine à l'obliger de trauailler à cét Ouurage, pour
le reconcilier auec le beau Sexe : & des
Malins au lieu de suiure ce Titre, luy
en

en donneroyent, peut-estre, vn autre, &
l'appelleroyent le Zoïle Bourré, ou le
Beau Sexe vangé fur les Efpaules de
Zoïle.

CRYSOLITE.

Ho, ho ! à voftre tour, auffi, vous dau-
bez Elimore.

PALAMEDE.

Croyez-vous, que ie voulufse tenir
fon Party, contre le plus grand nombre ?
Vous auez bien reconnu, fans doute,
que i'ay fait femblant de me ranger de
voftre cofté, feulement pour rendre le
jeu meilleur : & ie m'imagine bien que
vous n'auez non plus, défendu Zoïle
contre ces belles Perfonnes, & le
braue Lidamon, qu'afin de donner à
la Conuerfation, tout l'agréement qui
luy vient de la diuerfité des opinions,
quand elles font pouffées auec le tem-
perament que leur fçauent donner
les Efprits Galans, les Efprits paffez par
l'Etamine de la Cour, & non auec la
chaleur pedantefque & querelleufe des
Ecoles.

CRYSOLITE.

Vous m'outrageriez, si vous expliquiez autrement ma défense d'Elimore: En effet, ie n'y ay eu d'autre dessein que le diuertissement de la Compagnie. Pour vous dire mes veritables sentimens de 'l'Ecole des Maris', de l'Ecole des Femmes, & de la Critique de celle cy, ie les estime des Satyres bonnes à ietter au feu, principalement celle de l'Ecole des Femmes, & sa fausse Critique. On remarque tres-bien que l'Autheur veut s'y moquer de la Religion, & donner des Idées contre la pureté des Mœurs, que le respect de celles deuant qui ie parle, m'empesche d'exagerer: & ie loüe le zele que l'vn de nos plus sages Magistrats a témoigné pour la suppression d'vne si méchante & si detestable chose.

LIDAMON.

Vous auez bien fait de corriger vos Plaidoyers, autrement ie vous declare que vous estiez mal dans vos affaires, auec vos belles Maistresses, ou ie me suis trompé dans le iugement que i'ay

fait de leur contenance, & de leurs
reparties.

CELANTE.

Vous en auez parfaitement bien iugé.
Ie vous affeure que Belife & moy n'a-
uons fait tomber la Conuerfation fur
l'Ecole des Femmes , que pour découurir de quelle maniere nos Amans
en vferoient, quand nous aurions changé auec eux, la qualité de Maiftreffes,
en celle d'Epoufes : & fi nous les euf-
fions veus pancher tant foit peu, vers
les fentimens que Zoïle veut donner
aux Maris, nous aurions chacune épou-
fé vne Grille pluroft qu'eux.

CRYSOLITE.

Nous ne fommes pas gens , Palamede, & moy, à vouloir changer les Cou-
tumes de France : & ie fuis trop affeuré
de la bonne condüite de Belife , pour
ne luy pas laiffer la qualité de ma Pleni-
potentiaire.

PALAMEDE.

Ie n'ay point d'autres fentimens à l'é-
gard de Celante. Ie condãne hautement

ce qu'a dit Zoïle, que toute la puissance estoit du costé de la Barbe : & pour
le moins, vous n'aurez pas à craindre,
belle Celante, qu'elle soit de long-
temps plus de mon costé que du vostre;
à peine voit-on encor paroistre à l'en-
tour de mon menton, ce que l'on nom-
me poil folet.

LIDAMON.

La Conuersation ne se pouuoit termi-
ner plus gaillardement, ny auec plus
de satisfaction reciproque : mais comme apres la Sentence prononcée sur
vne affaire, on en demeure-là, ie suis
d'auis que nous finissions nostre entretien sur le suiet de Zoïle, & que nous
allions faire vn tour de Cours. Le
temps est parfaitement beau, & ie
croy que nous y verrons aussi du beau
Monde. Qu'en dites-vous ?

LYSANDRE.

Nous ne pouuons manquer d'y voir
du beau Monde, puis que Celante &
Belise s'y trouueront : & sans preten-
dre les cajoller, en leur disant sincere-
ment la verité, ie n'y ay encor rien
veu

veu de si beau, ny de si charmant.

CELANTE.

Nous vous sommes, Lysandre, tout à fait obligées de vos agreables fleurettes, que le *Qu'en dites-vous* de Palamede, n'auoit pas pour but de nous attirer. Ie pense qu'il pretendoit seulement demander à la Compagnie, si elle estoit de son aduis, d'aller au Cours: mais l'Equiuoque, nous est tres-auantageuse.

PALAMEDE.

Ie pretendois demander si l'on estoit d'auis que nous allassion au Cours, & si l'on ne croyoit pas que nous y deussions trouuer du beau Monde : & Lysandre a fort répondu, selon la principale de mes demandes : Mais allons, nous continüerons nos Complimens dans le Carrosse.

R

Et ledit Charles de Cercy a associé
au present Priuilege, Nicolas Pepingué,
Iean Guignard fils, Estienne Loyson, &
Gabriel Quinet, pour sa huictiéme partie, suiuant l'accord fait entr'eux.

*Acheué d'imprimer pour la premiere
fois, le 30. Nouembre 1663.*

Registré sur le Liure de la Communau-
té, le 16. Nouembre 1663. Signé,
E. MARTIN Syndic.

www.ingramcontent.com/pod-product-compliance
Lightning Source LLC
LaVergne TN
LVHW021743170726
843503LV00004B/1708